汽车服务企业+移动互联网理论与实操

汽车4S店客户忠诚度管理智能工具M4S

升级版

徐向阳　李元胜　杨小勇　韩　笑　李凤霞　著

机械工业出版社

汽车服务业是最近几年各路资本借助“互联网+”概念投资最热的行业之一。本书紧密把握移动互联网时代创新的脉搏，对“汽车服务业+移动互联网”的理论和实践进行了探索，在综合分析汽车4S店客户满意度和忠诚度现状的基础上，提出了移动互联网时代客户忠诚度管理的四大要素，开发了基于云平台的汽车4S店客户忠诚度智能管理平台M4S，并系统介绍了M4S的设计理念和思路，M4S的客户端设计、顾问端设计和后台管理系统设计、推广实施策略，并用推广、实施结果验证了M4S对于提高移动互联网时代客户忠诚度和促进汽车服务行业发展的显著成效。

本书适合国内汽车整车企业销售和售后管理部门、2万多家汽车4S店与30多万家社会型修理厂的高级管理人员和普通员工，汽车后市场培训及调研机构的从业者，汽车服务类专业大中专师生等阅读。是关于“汽车服务业+移动互联网”时代客户满意度提升的一本理论和实践培训教材和参考书；同时也是投资行业投资汽车后市场的生动教科书。

关注汽车服务业的各级领导和人士，也可以通过本书了解汽车服务行业的从业者为了推动行业发展，更好地为社会与车主服务所做的努力，从而取得社会对本行业的关注与监督，更好地为汽车社会服务。

图书在版编目（CIP）数据

汽车服务企业＋移动互联网理论与实操：汽车4S店客户忠诚度管理智能工具M4S：升级版/徐向阳等著. —2版. —北京：机械工业出版社，2016.4
ISBN 978-7-111-30091-5

Ⅰ.①汽… Ⅱ.①徐… Ⅲ.①汽车—专业商店—网络营销 Ⅳ.①F717.5②F713.36

中国版本图书馆CIP数据核字（2016）第054714号

机械工业出版社（北京市百万庄大街22号 邮政编码100037）
策划编辑：李 军 何士娟 责任编辑：李 军 何士娟
责任校对：肖 琳 责任印制：乔 宇
北京画中画印刷有限公司印刷
2016年4月第2版第1次印刷
169mm×239mm・7印张・135千字
0001—3000册
标准书号：ISBN 978-7-111-30091-5
定价：39.90元

凡购本书，如有缺页、倒页、脱页，由本社发行部调换
电话服务 网络服务
服务咨询热线：010-88361066 机工官网：www.cmpbook.com
读者购书热线：010-68326294 机工官博：weibo.com/cmp1952
010-88379203 金书网：www.golden-book.com
封面无防伪标均为盗版 教育服务网：www.cmpedu.com

序

1999年，广州本田把4S店这一品牌销售和服务模式引入中国，从此，以4S店为代表的品牌销售和服务模式很快成为我国汽车流通领域的主流模式。

2000年，世界著名的市场调研机构——美国J.D.Power在中国设立办事处，率先开始在国内开展销售满意度调研（Sales Satisfaction Index，SSI）、新车质量调研（Initial Quality Survey，IQS）和售后服务满意度调研（Customer Satisfaction Index，CSI）等工作。从那时起，提高客户满意度就成为汽车4S店不懈的追求。

在移动互联网时代，以苹果手机为代表的智能手机和云服务，彻底改变了消费者的消费体验方式，为消费者主动获取信息服务、与应用服务供应商及其他智能手机客户的互动交流提供了全新的平台和客户体验。这些基于移动互联网的APP，不仅为客户提供了便利的应用和信息服务，更是为各种类型APP提供了巨大的商机。

北京航空航天大学交通科学与工程学院徐向阳教授与中国汽车移动智联有限公司合作，敏锐地把提高汽车4S店客户满意度与移动互联网时代的智能移动终端和云服务相结合，在深度研究汽车后市场近30年的基础上，吸收国内外汽车服务模式及管理经验，融合汽车后市场产业链多种服务业态，按照客户服务满意度（Customer Service and Support，CSS）与服务忠诚度（Service Loyalty，SL）细则，根据中国车主用车习惯和消费习惯，经过对万余车主调研，总结出提升客户满意度与忠诚度的要素，规划设计出汽车4S店客户忠诚度培育整体解决方案，利用最先进的云服务平台，采用移动互联手机智能终端，为汽车服务业者解决汽车全生命周期中车主的服务需求问题，提出了全新的客户满意度管理理念——M4S（Mobile for Service），并研发出了最先进的汽车 4S 店客户满意度提升智能工具 M4S 系统。本书就是他们研究成果的总结。全书由北京航空航天大学交通科学与工程学院徐向阳教授、李元胜先生，中国汽车移动智联有限公司杨小勇先生等合作完成。

作为移动互联时代“汽车服务业 + 移动互联网”理论与实操的代表作，M4S 是全新的汽车 4S 店客户满意度管理理念和工具，是中国汽车后市场的理论创新和应用创新。M4S 的理念推广和系统的应用，会给客户带来全新的汽车 4S 店服务体验，提高客户与 4S 店的信息和服务互动，在大幅度提高客户满意度的同时，必将给 4S 店带来更大的收益。

“汽车服务业 + 移动互联网”代表了未来汽车服务业的发展方向，M4S 理念和系统的推广应用，对于提高汽车服务行业的整体管理水平，具有非常重要的意义。

中国汽车工程学会汽车应用与服务分会理事长

2016 年 1 月 28 日

前　言

2012年，我们推出了国内第一本面向移动互联网时代的汽车客户忠诚度管理专著——《汽车4S店客户忠诚度管理智能工具M4S》。不经意间，我们在汽车服务市场推动移动互联网已经三年了。2015年，政府提出了“互联网+”的概念，而我们已经在汽车后市场“互联网+”领域进行了三年的实践和探索，并成了“汽车服务行业+互联网”的领军之一。面对新时代“互联网+”概念的快速发展，应广大读者的强烈要求，我们结合最新的理论研究成果和实践经验，完成了本书。

2014年终，汽车行业3800万辆的产能与2400万辆的市场需求导致汽车销售从卖方市场进入买方市场，主机厂与经销商之间博弈日益加重，4S店与汽车营销服务集团在积极寻找出路，把业务核心从汽车销售放到了汽车服务上，其中在衍生品业务上主要从二手车、汽车金融、UBI保险（Usage Based Insurance，基于驾驶行为而定保费的保险）、汽车改装精品等项目上获利。在业务形态上，从单一的4S店组团转向了模式A（综合大卖场）+模式B（郊区低成本钣喷中心）+模式C（社区快保连锁店），一些不能快速适应市场变化的企业遇到了挑战，一部分资金链断裂的企业出现跑路现象，行业明显地出现挤出效应（Crowding Out Effect），市场无形的手终于出现调控，驱逐部分劣币。

在过去的三年，移动互联网带来了太多的变化，各种新的商业模式层出不穷。在汽车销售领域，汽车电商一直跃跃欲试，从京东到阿里，从汽车之家到易车，一直在寻找汽车电商模式，各路资金都希望在汽车领域找到突破点，但到目前为止一直没有实质性突破。

在过去的三年，我国政府出台了大量利好政策：第一个方面，大力发展新能源汽车，以实现弯道超车，互联网企业和整车企业纷纷投入巨资探索弯道超车的发展模式；第二个方面，主要是汽车后市场反垄断，十部委联合推动汽车后市场改革，目的是要提升就业与服务创造的社会价值，这为“汽车服务行业+互联网”发展提供了巨大的机遇和发展空间。

在传统汽车后市场，以配件、维修、二手车、用品为核心的各种连锁依旧变着花样出现，有从线上往线下走的，也有从线下往线上走的。线上的说自己以前做互联网赚的钱都赔到线下了，线下的说自己以前线下赚的钱都赔到线上了。各种2C平台，也就是O2O，得不到线下的认同难以为继，也让外行投资人吃尽了苦头，至今没有发现一个相对落地靠谱的汽车后市场2C平台；汽车后市场的2B平台大部分烧钱补贴，但这种模式也已经提前进入寒冬。事实证明，不能提高行业效率、减少成本的平台，也不会有未来。

接下来的三年，传统的汽车行业将迎来更大的挑战，面对移动互联网时代汽车后市场改革呼声以及消费环境发生的质的变化，对如何把握时代脉搏，如何把握后市场巨大的机会，充分利用互联网技术，发掘海量的客户与客户价值，寻求更多的获利点和机会，从汽车销售到汽车服务，都需要探索更多新的模式，需要更多的创新与价值！

希望朋友们一起努力，推动中国汽车社会的进步，同时也推动自身与所服务企业的进步，在移动互联网时代实现弯道超车，推动汽车服务行业的社会价值，推动业者的社会价值，为中国汽车服务行业的进步添砖加瓦！

著者

目录

第1章 引　言

汽车业界有一句名言:“第一辆车是销售人员卖出去的，可第二辆、第三辆车是售后服务人员卖出去的。”所以，汽车厂商的利润“三分销售、七分服务”，这个经营理念被汽车行业奉为经典。忠诚的客户即是一个企业稳定的利润，客户不仅仅是买产品，更主要的是买服务、买省心、买便捷。哪家4S店的服务更有竞争力，哪家就拥有大量的忠诚客户跟随。同样市场与竞争环境和资源约束条件下，要想取得竞争优势，除了基本的技术、质量、价格外，必须拓展满足客户即时需求的业务才能创造持续的盈利，领先于竞争品牌对手与同品牌竞争友商。

客户服务满意度等同于公司利润！客户满意度的最高追求是客户忠诚。

1. 4S店的发展

过去的十多年，中国汽车产业得到了蓬勃发展，使得汽车作为家庭交通工具进入寻常百姓家庭，中国人民也进入了轮子上生活的时代。

与实行自由经济的国家有所不同的是，中国的汽车贸易是从计划经济时代的配额及经销资格垄断逐步过渡到汽车厂家设立4S店跑马圈地的模式。且不论这种局面背后的成因，其结果就是目前的汽车销售服务状态——4S模式成了中国汽车后市场的主流模式，传统的汽车综合修理厂发展受到了极大的约束；在厂家品牌扩张与广告的强大轰炸下，这种4S模式被全民在热闹中接受和认可，大大小小的4S店已经发展到了2万多家，直接从业人员几百万。

品牌厂家在和下属4S店的博弈中，是规则的制定者、解释者。它在进货量、资金和工作标准上要求4S店统一；在4S流通模式中，4S店无形中给品牌厂家在销售、宣传上做了巨大的贡献，当然，绝大部分4S店也赚到了钱。在资源紧缺时代，那些和厂家关系融洽的，能得到相应的关照，拿到紧俏的汽车资源，加价销售，这个时候是汽车行业所谓的资源时代。

2. 4S 模式

销售（Sale）、服务（Service）、配件（Spareparts）、信息反馈（Survey）是 4S 模式的初始形成原因。实际上，因为资金利用率等因素，一部分 4S 店的销售是给品牌厂家、银行等打工，大家都在说汽车 4S 店销售无利润，主要是靠售后来获利。实际在售后获利上，按照业务层次分为三个方面：

1）基本传统服务业务：汽车销售、汽车维修保养、装潢精品、配件业务。

2）日常基础增值业务：保险、年检挂牌、消除违章、救援业务，总获利增长空间约 15%。

3）生命周期增值业务：汽车金融、二手车、租车业务，总获利增长空间约 10%。

可是，4S 店的盈利模式真的是这样的吗?

一些高档车单车利润似乎不错，进入竞争性导向市场后，由于市场销售量的限制，也没有什么利润可言。有的高档车在某些地方销售量太小，让投资者入不敷出；有的时候，品牌市场营销垄断大鳄的战略性亏损同样会让一些 4S 店从业者受到重挫。奔驰的一个大鳄经销商在 2012 年春节后的超级降价简直让一些单店快“崩溃”了。

大多数 4S 店的客户大量流失，活跃客户大部分是买车 2 年内的客户，绝大多数的客户成为非活跃客户，甚至成为“僵尸客户”。如果销售出去的客户都累积成活跃客户，对 4S 店服务满意，对 4S 店有一定的忠诚度，并且这种服务的忠诚度形成口碑能转化为介绍新客户，那是多么的美好呀！但是现实为何相去甚远?

4S 店为客户提供了舒适的环境、谦和的服务人员、免费的饮料，还能提供上网消遣，客户为何不来店里参与活动? 客服人员在 4S 店体系里待遇和身份普遍不如一线人员的水准，但是他们在和客户沟通的时候却承受巨大的压力。各种提醒短信有多少被客户屏蔽，有多少被很快删除；客服人员的电话沟通，有的被拒接，有的被礼貌地婉言谢绝。有的客服人员不能解决投诉、反馈和建议，就会受到客户的冷嘲热讽，甚至粗暴对待。其结果就是很多 4S 店体系的客服人员流失率较大，综合素质没法持续有效提高。

品牌厂家要的是汽车销售量，投资人要的是利润，客户要的是合理的价格、迅捷及时的服务、符合消费者的消费方式和移动互联网时代的消费习惯。所以，在售后一些所谓的关键绩效指标（KPI，Key Performance Indicator）考核出来了，例如对售后部门及经理的指标就是单车利润率，有的叫客单率。为了完成指标，各种情况就出来了，利用信息及知识的不对称，坑蒙拐骗层出不穷。有的客人就说，4S 店和医院一样，不去小病能扛，进去都可能成大病了。其结果就是一次不满意，造成客户的流失，甚至是负面的宣传。我们都知道，相比开发新客户，维系老客户的费用成本更低，收获的效果更大。

3. 汽车后市场大部分 4S 店的现状

1）展厅销售人员比客户多，做广告搞活动成本大，总不见效果；来店的客户好像都不是买车的，好不容易碰到一个有希望的客户，也难以成交。无法充分利用已有客户群体转介更多购车客户，无法及时服务好老客户。

2）报纸媒体的广告和市场推广动不动数万元，却成为营销鸡肋；电视广告、户外传媒及网络营销越投越多，而效果石沉大海；电话经常被拒绝，短信被拦截屏蔽。客户感觉到被打扰，不被尊重。

3）销售人员不断地卖车，维护客户服务越来越少；续保与年检等增值业务一直做不起来。进入拼售后的时代，如何应对这种危机？客户关系离店后自生自灭，无法实时有效维系。

4）找不到提升客户满意度的方法，活动搞多少好像都没有太大效果。

5）员工的流失和变动太大会对客户存在潜在威胁与影响。

4. 客户满意度

客户满意度就是我们汽车后市场今天必须面对的一个最重要的问题。世界级别的专业市场调研机构——美国的 J.D.Power，于 2000 年设立中国办事处，率先在国内开展对于汽车厂家产品的中立性调研工作。调研内容现在已经涵盖了销售满意度调研（SSI）、新车质量调研（IQS）、售后服务满意度调研（CSI）、汽车性能、运行和设计即消费者产品满意度调研（APEAL）、车辆可靠性调研（VDS），以后还要推出中国汽车售后服务忠诚度调研（SLS）。这一切都让行业对客户满意度和忠诚度有了一个新的认识。

在一个辅助性评级排名竞赛中，每个品牌厂家对应地提出了解决的方案和对应的措施，有的品牌也确实为客户服务做了很大的努力。但是，这一切都是客户真的需要的吗？或者说是及时的吗？或者，这些提升能符合新时代客户的消费习惯和需求吗？最重要的是，如何在厂家、4S 店和客户的不同需求诉求点间找到一个平衡点及方法，这个才是重要的；而更重要的是如何有效实施这个方法，是大家都容易理解的规范、标准、流程以及用什么工具表达，同时还不影响传统的工作与消费习惯。

在信息化冲击与独生子女进入消费主流的时代，针对这些潜在上帝的心理、习惯、环境，必须有对应的措施才能满足他们的需求，才能取得企业的销售与利润。

而大多数品牌厂家推出的普通的客户满意度，一些是理念，一些是流程，一些是标准，要么是生冷的教条，要么是不落地的空想。实际的客户满意度是什么？怎样才能有忠诚度？

客户满意度的目的之一：销售的达成率、转介率问题

对于买车的客户，各个厂家的广告只是一个推介作用，客户即使选中了一个品牌的车，但是用什么价格、什么时候、找哪个店、找哪个顾问买，又是另外一个问题；对于客户决定购买行为而言，买车的最近一个月才是关键，他可能转了很多品牌的店，也可能在网上看了很多的资料进行比较，最后在下单之际，对他影响最大的是周边的朋友，已购买了该车型的朋友对车型的推荐或者诋毁，对销售4S店及顾问的推介是最重要的。

这个时候，如果老客户能第一时间得以了解购车4S店的所有在售车型与购车政策情况，则对亲朋好友的推介明显是一个顺水推舟的人情，可是，4S店的同仁们，我们能让客户为我们自然的转介吗？这个时候信息不对称问题就在发挥效力。

客户满意度的目的之二：售后的活跃度、流失率、返店率、维系率问题

在售后，4S店的同仁们用了好多种办法来维系客户。4S店最大的问题是大多客户不知道4S店在搞什么活动，即使4S店没有一点“宰”客户的想法，客户也都心存戒备；这个时候客户只是认为价格合理，并不是认可售后服务的全部，来店服务满意只是最基本的层次。

真正的售后服务满意，主要有以下6个方面内容：

1）车坏了，你及时用合理的价格修好车，这个时候客户满意度最多达到50%，此时车主需要对本车车况及维修记录有一个全面的了解把握。

2）如果车使用一段时间后可能会出现某些问题，你需要提前给车主明确警示，这也会增加10%的满意度，但不是故弄玄虚的讹诈与吓唬车主。

3）车在使用过程中出现意外问题时的快速反应：增加10%的满意度。

4）车主自主控制的不受打扰和胁迫的汽车使用经验交流、汽车文化及技术知识的学习普及，增加 10% 的满意度。

5）车主使用汽车过程中可能发生的状况的非功利性提示增值服务：增加 10% 的满意度。

6）车主用车生命周期中从购买意愿的产生，到分期购车以及最后的以旧换新或者二手车代卖，这种业务生命全流程服务，增加 10% 的满意度。

其中第 1）项宣扬的品质与规定的保养维护是基本的保健因素，保健因素只能降低客户不满，不能提升客户满意度；第 2）项到第 6）项是额外的关怀，是激励因素，激励因素可以从对客户关怀，使得客户有意外收获等方面提升。

客户来到店里，4S 店服务再好，只是解决第一个保健因素的问题，修好车就是 4S 店的基本责任，并且不能价格离谱。但是企业由于经营压力，获利是第一目标，往往希望提供高品质的服务获得合理的回报。如果价格高，客户在接受高品质服务的时候是可以接受的。问题是这不能形成客户满意度，忠诚度更是无从谈起。

只有解决了第 2）项到第 6）项问题，才会建立并提高客户满意度。而能够为客户提供各种离店期间的服务，如车辆使用、保养、保险等服务，是解决售后满意度和忠诚度的决胜武器，可是这个也因为信息不对称而无法实现。

客户满意度的目的之三：品牌社会责任评价及客户认同问题

企业的社会价值内容很多，但是在社会活动中，企业的社会责任具体体现在各种组织的活动中，互动解决有效活动的组织与完满实施，同时及时通报给所有客户及社会，是提升品牌和 4S 店形象和客户认同的一个最佳选择。但是经过一段时间的摸索，曾经风靡的“车友会”名词已经消失，其问题是及时、互动、有效的帮助没有得到体系与平台的支持。

因此，解决互动支持体系和平台无疑是 4S 店解决社会责任与客户认同的第一关键所在。接触才有判断，不接触自然没有感觉。4S 店业者在与品牌形象，与客户的接触中，媒介和广告主要是厂家的品牌宣贯，是为了卖车，来店、电话及短信是 4S 店建立自己业务的模式。而在进入移动互联网时代，需要有全新的智能化及便捷服务沟通的平台和体系来满足客户多层次掌控的主动权。

5. 最佳解决方案——M4S 体系

完满解决以上问题的最重要的办法之一，就是 M4S 体系。

M4S（Mobile for Service）是中国汽车移动智联有限公司（Auto Mobile

Intelligence ServiceCo.,ltd，简称 AMIS）集合欧美、东南亚、中国汽车行业知名专家、一线资深的有造诣的业者、院校学者一起，在深度研究汽车后市场近 30 年的基础上，吸收国内外汽车服务模式及管理经验，融合汽车后市场产业链多种服务业态，按照客户服务满意度与服务忠诚度细则，根据中国车主用车习惯和消费习惯，经过对万余车主调研，总结出来提升客户满意度与忠诚度的要素，规划设计出汽车 4S 店客户忠诚度培育整体解决方案，利用最先进的云服务平台，采用移动互联手机智能终端，为汽车服务业者解决汽车全生命周期中车主的服务需求问题，研发出的最先进的汽车 4S 店客户满意度提升智能工具系统，从而帮助汽车 4S 店利用互联网工具实施低成本有效可控的市场推广与客户关怀。

（1）M4S系统主要提供的服务内容

1）激活潜在客户，及时无缝连接意向客户提高蓄客量，促进销售达成率。

2）对潜在客户的意向导入及提升老客户的及时转介率。

3）离店期客户主动沟通的几十种场景分析及预约业务导入，利用 36 种一键实用功能，提升返回率及企业业绩。

4）及时解决客户投诉、直接进行普遍性的客户问题调研、提供汽车使用经验与知识的分享学习，从而提升客户归属感、认同度、满意度、忠诚度。

（2）应用M4S对于企业4S店的9大好处

1）延伸对老客户服务的时间和空间，把有限的时空变成随时随地沟通。

2）变客户被动沟通为客户自助、主动参与沟通。

3）全面业务动态不停歇，要发自内心、充满善意地推送服务信息；通过 4S 店的广播电视台，把促销信息及时、准确地传递到目标客户手中，虽然是企业的专用电视台，但是应尽量做到无明显商业行为。

4）把 4S 店单向沟通变为便捷的互动无缝沟通，更好了解客户心理。

5）通过细致入微的服务，提高客户对 4S 店的依赖程度。

6）吸引同品牌竞争对手的老客户转为本店客户或把其他品牌的客户吸引到本品牌来，使推广效果可查，每笔交易可跟踪。

7）能够获得更多宣传、展示的机会，吸引更多新客户到店消费，通过手机的宣传，最大程度吸引意向潜在购车客户。

8）通过在线有效预订等方式，合理安排经营成本，对通过身份认证或者数据齐全的客户可提供全面售后服务。

9）掌握客户数据，大大提升对老客户的维护与营销效果。自身业务及满意度检测系统，是4S店经营的雷达。

（3）应用M4S将给企业带来6个方面的提升

1）大大提升企业获利收益空间。

2）最大减少营销边际成本投入，从“实务型服务”到“感动型服务”，从“重复型服务”到“即时型服务”。

3）提高客户沟通满意度。

4）提高企业核心竞争力。

5）提高一线员工的信心，改变他们对工作的态度，从“实务型服务”到“自我实现型服务”，从“个人型服务”到“组织型服务”。

6）提高拉动新品在新店消费的速度。

（4）应用M4S给企业5个业务链条带来直接效益

1）带来汽车销售的稳定增长：老客户的有效及时全面转介；新客户及时了解新车、政策及对服务有信心；超越竞争对手，提升自身销售。同样的人力、物力投入，可增加企业收益20%。

2）带来服务的稳定快速增长：维系老客户，及时沟通，解决所有问题，通过提升客户返回率，提升业务30%。

3）利用增值和超级增值服务带来额外盈利空间，同样人力、物力投入，可增加50%收益。

4）直接影响厂家客户满意度返利。

5）在区域市场，可有效战胜竞争品牌，抢占友商客源。

（5）应用M4S给车主带来的8大好处

1）多了一个随身的用车服务伴侣、助手和三个专业业务顾问，能够充分感受到用车过程，随时了解服务历史。

2）多了一个了解本车车况信息、获取更丰富更全面的4S商家及其服务的内容信息、道路信息以及国家相关政策的便捷通道。

3）多了一个随身的汽车知识库、经验库、资料库、信息库。

4）用车中所有需求（审验、保险、维修、换购车、租车等）一站搞定的快捷服务。

5）遇到困难时，能够获得训练有素员工的及时的帮助和救援，是用车困难的清道夫，同时获得有效实用的建议。

6）多了一个用车感受与经验交流的平台，获得更多直接参与消费的乐趣体验。

7）多了一个消遣时间的去处。

8）获得更加便捷的商家在线全业务咨询，还可进行服务预订。

本书是移动互联网时代中国第一本“汽车服务业＋移动互联网”研讨提升客户忠诚度的理论与实操著作，后续各章内容在综合分析汽车 4S 店客户满意度与忠诚度现状的基础上，提出了移动互联网时代客户忠诚度管理的四大要素，开发了基于云平台的汽车 4S 店客户忠诚度智能管理平台 M4S，并系统介绍了 M4S 的设计理念和思路、M4S 的客户端设计、顾问端设计和后台管理系统设计、推广实施策略，并用推广实施结果验证了 M4S 对于提高移动互联网时代客户忠诚度和促进汽车服务行业发展的显著成效。

第2章　汽车4S店客户满意度与客户忠诚度

2.1　汽车4S店服务及其发展

汽车 4S 店是指集汽车的整车销售（Sale）、零配件供应（Spare part）、售后服务（Service）和信息反馈（Survey）四项功能于一体的汽车销售服务企业。同一品牌的 4S 店具有统一的外观设计和室内装修、统一的品牌标识、统一的企业管理标准，并且只从属于一家汽车生产商。汽车企业借助 4S 店四位一体的服务平台，有利于树立良好的企业形象，提升品牌价值。我国的汽车 4S 店从诞生至今主要经历了三个发展阶段：

第一阶段：1999 年到 2004 年。1999 年，广州本田在中国建立了第一家汽车 4S 店，随后上汽通用等汽车厂商纷纷在国内建立起自己的 4S 店。历经 10 多年的发展，4S 店已经成为汽车后市场的主要业态模式。目前，全国上规模的汽车 4S 店约有 2 万余家，汽车营销服务集团超过 300 家。这种较为新兴的汽车营销方式越来越受到客户和经销商的青睐。伴随着国内汽车市场的迅速崛起，4S 店凭借其奢华的店面、先进的设备和职业化的氛围，短时间内赢得了广阔的市场。而这个阶段汽车市场正处于卖方市场，产品供不应求，需求量巨大，因此汽车销售占据 4S 店业务中第一的位置，各个汽车经销商均经历了短暂的暴利阶段。

第二阶段：2004 年到 2010 年。汽车市场持续井喷，这得益于汽车下乡政策的推出以及汽车国产化进程的大大加快。迅猛发展的汽车后市场带动了几百万人的就业，以及相关行业的快速成长，在此阶段价格大战是最直接的竞争方式。在过去的几年中客户可以选择的竞争车型翻了两倍多，中国汽车市场竞争日益激烈，不断加剧的竞争对价格和边际利润产生持续的下降压力。这个阶段，厂家对渠道网络的要求是直接覆盖到发达地区的县城，中西部地区的市级区域，运用的主要武器是不断推出新产品，或者是对一个产品进行频繁的改款和升级，但最重要的武器仍旧是价格战。

第三阶段：2010 年至今。汽车市场逐渐降温，回归理性增长，市场从懵懂消费阶段进入理智消费阶段。消费者购车的选择也空前增多，使得消费者对汽车的消费已经不仅仅满足于能够买到车，而是期望从对品牌与概念的认知开始，全面了解汽车品牌文化的一种感觉体验。客户开始逐步摆脱车盲的状态，对汽车有了一定程度的认识和了解。在此阶段，由于产能过剩导致竞争性产品在功能和卖点方面的可比性严重贴近，加之银行贷款紧缩、原材料价格上涨以及库存积压等问题层出不穷，同时跨区域、跨品牌的大型汽车营销集团的出现使 4S 店的权威受到威胁。这一切原因都迫使 4S 店不得不寻求优化品牌形象的方法，通过制定有效的市场营销策略以提高客户满意度与忠诚度，从而能够规避风险，在激烈的市场竞争中占有一席之地。因此企业应该：

1）与客户建立实时互动的关系，以防止顾客流失，从而赢得长期而稳定的市场。

2）学会倾听顾客的意见，面对迅速变化的顾客需求，及时寻找、发现和挖掘顾客的期望与不满及其可能发生的演变，同时建立快速反应机制以对市场的快速变化做出反应；同时，企业与顾客之间应建立长期而稳定的朋友关系，从而实现将销售转变为对顾客的责任与承诺，以维持顾客的忠诚并激发顾客再次购买的欲望。

3）追求市场回报，并将市场回报当作企业进一步发展和保持与市场建立关系的动力和源泉。

2.2 4S店客户满意度调查

客户满意度 CS（Customer Satisfaction）取决于能对顾客的期待值给予何种程度的回应，即所谓的达成度；CS 不只是售后的 CSI（Customer Satisfaction Index），也包括销售的 SSI（Sales Satisfaction Index）以及客户在车辆购置使用过程中的感受度。客户满意度不只是品牌厂家为提升品牌价值、企业自身价值提升的要求，也是汽车 4S 集团做大做强提升自身价值的需要，更是 4S 店提升盈利、提高员工待遇与自信的需要，是行业自身提升、行业发展与进步的第一要素。在服务领域，以质量提升和顾客满足感提升为目标，尽快导入服务科学，制定可提供更高价值的计划，进而提升产业竞争力是十分重要的。

客户满意度调查在中国起步较晚，而汽车行业客户满意度调查又晚于家电等市场化比较早的行业。目前，国内从事汽车行业客户满意度调查的主要机构有新华信、中国汽车维修行业协会汽车制造企业售后服务工作委员会、中国质量协会、联信天下、搜狐汽车服务平台、中国汽车流通协会、J. D. Power 等第三方机构。

1. 新华信满意度调查

新华信在汽车方面综合评价有四个方面：产品质量（PQS）、产品性能（PPS）、销售服务（SS）以及售后服务（ASS）。表 2-1 为新华信汽车满意度调查的指标体系。

表2-1 新华信汽车满意度调查的指标体系

指标	销售服务	售后服务	产品性能	产品质量
项目	硬件设施 人员专业知识 定价及付款方式 初始车况 接待阶段服务 提车环节 售后跟踪	硬件设施 对客户的关注与服务态度 人员技术水平 费用 服务的时效性 配件供应	动力性能 制动性能 车内空间及操作舒适性 平稳性 经济性	转向及操控系统 发动机 传动系统 制动系统 温控系统 电子设备和附件工作 车内部及饰件 车外部

2. 卡思调查

中国汽车维修行业协会受中国交通运输部委托，在国内 50 个主要城市进行的汽车 4S 店体系售后服务客户满意度调查研究活动，由中国汽车维修行业协会下属机构中国汽车维修行业协会汽车制造企业售后服务工作委员会（简称售后工委）具体执行，全称为“中国汽车售后服务客户满意度”调查，英文名为“China Automobile After-sales Customer Satisfaction” Research，缩写为 CAACS，中文简称卡思调查。

中国汽车售后服务客户满意度卡思调查（CAACS）从消费者体验感受角度出发，指标体系采用三级形式：一级指标为售后服务满意度；二级指标为一级指标的展开，包括 6 大维度，用于评价客户在接受服务前后的 6 种不同的感受方向；三级指标为二级指标的展开，共计 25 个，用于评价客户在不同感受方向中所涉及的具体感受形式。所有的指标因子均在主体问卷中有所体现，如图 2-1 所示。

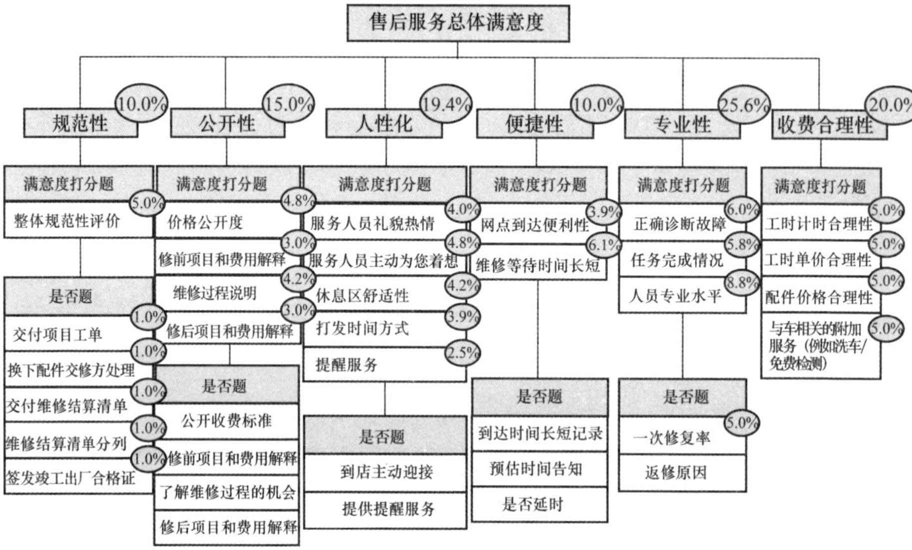

图 2-1　CAACS 调查指标体系

3. 中国质量协会满意度调查

中国质量协会主持的中国汽车客户满意度指数（CACSI）测评体系是中国客户满意度指数（CCSI）测评体系的重要构成部分。这种测评方法区别于产品符合性质量检测，是根据客户在购买和使用产品过程中的具体感受，将客户对产品质量的印象、预期以及感知质量、感知价值等诸多因素进行相关分析而建立的一种新的质量评价方法。2006 年调查的轿车客户是使用期在 2~6 个月的客户和使用期在 12~18 个月的客户，调查范围覆盖了全国 25 个省、直辖市的 36 个大中型城市，调查方式是访员入户面访，最终完成的有效样本数量是 4648 个。其满意度指数测评模型包括六个要素：

1）预期质量，即消费者在购买该产品或服务前对其质量的预期。

2）感知质量，即消费者购买和使用该产品或服务后对其质量的评价。

3）感知价格，即消费者通过购买和使用该产品或服务对其提供价值的感受。

4）顾客满意度，即消费者对该产品或服务的总体满意度。

5）抱怨，即消费者对该产品或服务不满的正式表示。

6）忠诚度，即消费者继续选购该产品或服务的可能性。

在汽车使用和服务方面，客户满意度指数测评指标有以下几个方面：加速性能、制动性能、换档性能、暖风/空调、音响系统、外观、驾驶舒适/方便、内部空间、内部质量、耐用性。

4. 联信天下满意度调查

联信天下成立于 2005 年，总部位于中国北京，专门从事为客户提供“整体市场解决方案”（Total Marketing Solution，TMS）的专业机构，是一家全国性大型调查机构，2007 年被评为中国本土 10 强自主品牌调查机构。“中国最具影响力满意度研究机构”。联信天下每年举办一次汽车满意度调查。

5. 搜狐汽车服务平台之汽车满意度调查

搜狐汽车频道结合自身强大的数据库系统，推出近 6000 款车型的满意度大调查。这一历时时间较长、工作量繁杂的统计工作，以及专业的测评过程和结果，为搜狐汽车、汽车企业、经销商和网友提供了全面、真实的车型购买和使用参考。

6. 中国汽车流通协会汽车经销商满意度调查

全国经销商满意度调查自 2008 年开始，由中国汽车流通协会主办，调查范围涵盖国内市场上主要量产销售的乘用车、商用车的 74 个品牌；调查品牌涉及进口、合资及自主品牌；调查区域覆盖全国七大区域，31 个省、市、自治区；调查对象涉及近千家汽车经销店总经理，近百家经销商集团投资人；调查结果得到广大汽车经销商集团及经销商、汽车生产厂家、政府和协会组织以及新闻媒体的广泛关注。

7. J.D.Power 满意度调查

J.D.Power 建立于 1968 年，是一家全球性的市场资讯公司，主要就顾客满意度、产品质量和消费者行为等方面进行独立公正的调研。

J.D.Power 业务包括：行业范围的联合调研；定制（授权）跟踪调研；媒体调研；预测服务；培训服务以及在客户满意度和质量方面的商业运行分析和咨询。2005 年 4 月 1 日，J.D.Power and Associates 加盟 McGraw-Hill 公司，成为 McGraw-Hill 旗下的一个独立品牌。

在美国，J.D.Power and Associates 最初因为其在汽车行业的业务而广为人知。然而近些年来，公司将其业务扩展到了许多其他的行业，诸如电信、旅游和宾馆、海运、公用事业、卫生保健、民用建筑、消费电子以及财经服务。

公司也拓展了国际业务，将印度、日本、中国、菲律宾、印度尼西亚、新加坡、泰国、马来西亚、南非、加拿大、墨西哥、英国、澳大利亚、新西兰、德国和法国等国家的客户之声反馈给当地的消费者和企业。

J.D.Power and Associates 在世界范围内有近 800 名专业的分析师、统计学家、经济学家、咨询顾问、人口统计学和消费者行为方面的专家以及行政人员。公司总部位于美国加利福尼亚州洛杉矶北郊的 Westlake Village，并有五个位于美国的办事处以及为加拿大、英国 / 欧洲以及亚洲太平洋地区服务的国际分公司。J.D.Power III 先生是公司的创办者，现任总裁为 Finbarr O' Neill 先生。

2000 年，J.D.Power 在亚太区设立中国办事处，开始率先在国内开展对于汽车厂家产品的中立性调研工作。其调研内容现在已经涵盖了销售满意度调研（SSI）、新车质量调研（IQS）、售后服务满意度调研（CSI）、汽车性能 / 运行和设计即消费者产品满意度调研（APEAL）、车辆可靠性调研（VDS），以后还要推出中国汽车售后服务忠诚度调研（Service Loyity Study，SLS），这一切都让行业对客户满意度和忠诚度有一个新的高度的认识。

1）J.D.Power 的理念。J.D.Power 坚信，当一个公司对客户满意度给予足够的关注后，销售额、利润和市场份额的增长就会水到渠成。这一理念源于它与时时留意倾听“客户之声”并对顾客调研数据做出积极反应的众多公司的合作经验。不管是公司还是消费者，同样都对持第三方立场的 J.D.Power 调研的客观性给予了充分的信任。很多公司使用其调研结果来改善经营管理，而消费者则从其中获取有价值的信息，从而可以在购买产品与服务时做出最佳的选择。

2）J.D.Power 在中国。J.D.Power 亚太公司于 2005 年春天在上海设立了中国第一家分支机构，于 2006 年成功收购了 Automotive Resources Asia（亚汽资源公司）。在中国，该公司现开展的业务包括行业内的联合调研、客户授权的定制调研、跟踪调研、汽车预测、企业培训、工作改进、运营分析和对产品质量以及客户满意度的咨询服务。主要涉及的行业包括汽车、复印机、打印机。公司有望开展零售银行和网上调研业务。 J.D.Power 亚太公司自 2000 年开始在中国开展基于消费者的汽车行业调查，并首次公开公布其最有影响力的汽车调查项目中的四项结果。这些调查有助于弥补在全程购车经历中客户期望值和顾客满意度之间的差距。

3）J.D.Power 产品和服务——联合调研。

销售满意度调研（SSI）。J.D.Power 亚太公司自 2000 年起，独立开展年度销售满意度指数调研。该调研在 2008 年重新设计，旨在衡量中国消费者在新车购买过程中的满意程度。调研指数基于客户在七个方面的感受经历，其权重因子旨在反映什么对中国驾车者最为重要，按重要性排序为：交车过程、交车时间、经销商设施、销售人员、书面文件、交易条件和销售启动。SSI 总分为 1000 分。SSI 分数越高，表明消费者对购车过程的满意度越高。

新车质量调研（IQS）。新车质量调研衡量新车车主购车后 2~6 个月内遇到的问题。新车质量问题被清楚地划归为两大类——设计质量和生产质量（包括产品缺陷和功能故障），分为八大类别：车身外观；驾车经历；配置、操控和仪表板；音响；娱乐设备和导航系统；座椅；空调系统（HVAC）；车身内装；发动机及变速系统。综合得分以每百辆车所出现的问题（PP100）来衡量，分数越低，表明发生故障的频率越低，质量也越高。

汽车性能 / 运行和设计调研（APEAL）。该调研是根据汽车消费者的报告来评测新车在销售后 2~6 个月内其性能和设计在哪些方面最令车主满意和欣赏。这项调研经 2007 年重新设计后，涉及车辆的 10 大项近百种特性：车身外观；车身内装；置物和空间；音响、娱乐设备和导航系统；座椅；空调系统（HVAC）；驾驶性能；发动机及变速系统；视野与行车安全；燃油经济性。

售后服务满意度调研（CSI）。自 2001 年起，J.D.Power 亚太公司独立进行行业范围内的中国授权汽车经销商售后服务调研。这项调研于 2009 年重新设计，针对买车后 12~24 个月期间内的客户，考察他们在经销商处接受服务的经历和车辆维修时的客户满意度。客户整体满意度是根据经销商的表现来衡量的，主要分为五个因子：服务启动；服务顾问；经销商设施；提车过程以及服务质量。CSI 指数的总分是 1000 分。CSI 分数越高，表明客户对授权经销商的保养和维修服务越满意。

流失顾客调研（ESS）。该调研分析了是什么导致顾客拒绝购买他们曾经考虑过的汽车。在众多的原因中，受访者选择他们拒绝购买曾经考虑过的汽车的原因。这些原因分成几大类，包括：经销商和分销有关的因子；汽车特征和性能；价格和贷款问题；可靠性以及品牌声誉的影响。流失顾客调研通过分析消费者对特定车型的看法，提供客户的买车过程与购买行为之间关系的深层分析。流失顾客调研开始于 2003 年。

中国经销商满意度调研。中国经销商满意度调研由 J.D.Power 亚太公司在 2009 年独立开展。该调研基于新车 4S 店总经理的评价，了解他们对于汽车零售分销系统和汽车市场相关问题的态度以及想法，分析了一系列对于汽车厂商和经销商具有重要性的问题。经销商所处的市场环境正在发生着巨大的变化，他们希望从厂商获得支持和指导，DAS 包含了应对这些问题所需要的信息。该调研反映了汽车 4S 店对其厂商的满意度。

新车潜在顾客调研（NVSS）。新车潜在顾客调研由 J.D.Power 亚太公司在 2009 年独立开展。该项调研考察了将在未来 12 个月内购车的潜在在线顾客。调研针对市场上的汽车品牌和厂商，探求构成品牌形象以及 / 或者能够吸引顾客的因子。NVSS 调研分析了实际的汽车交叉购买模式，并且运用心理和人口特征来细分消费群，使得汽车厂商能够针对目标顾客群优化市场营销。

4）J.D.Power 产品和服务——定制调研服务。J.D.Power 亚太公司在衡量客户满意度、满意度提升以及如何提升方面有着资深的经验和一系列成功的案例。来自各行业的公司委托 J.D.Power 开展定制调研项目并提供全方位的战略与竞争分析。J.D.Power 定制调研为厂家提供持续的绩效监控，并用作大区和经销商的深层分析。生产商可按需运用周、月或季度信息定位其问题和弱项、制定项目改进的执行步骤、衡量客户满意度的提升比例。客户定制调研服务包括产品、销售和服务满意度跟踪调研、神秘顾客调研和价格追踪调研和标杆调研等。

2.3 4S店客户满意度和忠诚度现状

2.3.1 客户面临的问题

汽车后市场一直在努力追求客户满意度，并为此做了大量的工作和努力，几百万人围绕客户满意度在工作，希望能够获得社会的认同。但是最近 10 年来，媒体不断曝光各种汽车消费过程中的不良现象。因为信息和沟通的不对称，以及一些汽车后市场从业人员素质低下，业务能力较差，在技术、商务、公共关系处理上不妥当，结果导致车主客户这个弱势群体投诉无门造成一些极端事件，在社会上产生了极大的负面影响，极大地损害了行业和品牌的声誉。

同时，由于我国法律体系建设相对滞后，在公民及消费者权益保护上，汽车行业没有专门的监管机构，交通部门下设的维修管理部门只是负责汽车维修的监管；在汽车产品及服务三包法规上，甚至在产品规范及检验的标准上缺少依据；国家税务结构不完善等。上述因素造成了消费者吃亏的事件层出不穷，就是打官司都没有依据：质量问题是质监部门管理，可是他们缺乏汽车专业知识；合同问题是消费者协会（简称消协）管理，可是和4S店相比，消协能力有限。很多时候，厂家的制度和行业的霸王条款，极大地伤害了客户的利益，同时也引起了客户的怀疑。

汽车是现代工业社会发展的科技集成品，汽车产业链长，汽车制造涉及石油化工、机械制造、电子信息等众多行业，在使用中涉及金融保险、物流分销、公路交通、石化制品及回收、信息工程、售后服务等。每个子产业链引出的产业和行业都是现代社会中的重要产业甚至是支柱产业。其中后市场是客户消费体验中的非标准化体验产业，这个过程在行业的规范、标准和体系不完善的时候，特别容易引起误解与争端。

某些店的霸王条款与贪利思想是客户经常遇到的问题：客户来修车，直接问拿了多少钱，好根据钱来给客户开单子；小事说大，偷梁换柱，好好的零件说坏了，还能修的零件说报废了，都要换新的；发动机渗点油说垫子坏了漏油，减振器有点脏，说漏油坏了……反正就一个目的，宰客；最坏的是一些触犯刑法的做法，给制动液加酒精、给变速器油加酱油、给机油加糖、堵塞空气滤清器等这些卑劣的做法被一些人认为是发财致富的门道。这些都是客户在消费过程中遇到的种种窘境。

某地4S店利用信息不对称，在数量、科目、价格上对客户进行“围追堵截”。最后导致的结果是，客户只要一次感觉不对，就成了4S店的对头。

这样的事情层出不穷，让很多客户害怕4S店了。曾几何时，车主说到4S店，将其喻为汽车医生，也引以为豪。可是现在，有的4S店真的成了“汽车医院”，让人“闻风而逃”。

2.3.2 4S店面临的问题

1. 来自汽车厂家的困扰

投资者在投资4S店之初，都是费了九牛二虎之力才得以建成一个功能齐全、设施完备的店面。但是经营一段时间后会发现，自己的4S店仅仅是品牌主车厂借以赚钱的通道和工具，更令人失望的是，4S店经常处于一种尴尬经营的环境中，资金、市场、人员、管理压力剧增，兴奋度与新鲜感却慢慢减退。

国内4S店无论品牌大小，一味追求奢华的体验感，过度装修和重复建设现象严重，使得前期投入成本极高，基本都在千万以上。大规模的投资带来了高昂的经营成本，使4S店短时间内难以摆脱投资回收周期长、资金周转困难的处境。

国内各4S店之间，品牌差异小，模式同化现象突出。品牌定位不清晰，对不同需求消费者的针对性就差，消费者无论进入哪家4S店，都会感觉各方面极为相似，难以形成品牌概念，导致消费者在购车时容易迷失，加大了4S店对客户维系的难度。

4S店进入我国虽然已经有将近20年的时间了，但是汽车厂家对品牌、价格、渠道等方面依然拥有绝对控制权，供应商始终处于强势地位，4S店的业务被迫在各个方面都受到制约，对汽车品牌依赖性强。

2. 人才问题

1）缺乏高级管理人才。由于行业起步较晚，4S店的从业人员多为转行而来，经过短时间培训即上岗。其中管理人才来源更为广泛，工作经验的缺乏以及对行业认知的不足使其难以对4S店的管理方向有正确的掌控和宏观的把握。而国外的管理经验一时间不能够适用于国内环境，如果一味地照搬，则难以取得良好的效果。因此，4S店急需经验丰富的高级管理人才，因地制宜地制定管理方案，准确把握经营的风向标。

2）技术人员专业化程度低。随着科技的快速发展，尤其是制造业的自动化程度越来越高，先进的故障检测设备以及专业的维修设备层出不穷，要求技术人员既要懂得维修技术又要有一定的电工、液压及自动控制等相关学科的知识基础。据统计，我国4S店维修从业人员中，有大专及以上学历的仅占了10%左右，90%的从业人员为中学及以下学历，文化程度普遍偏低。知识文化水平较低，使得技术人员在面对先进的维修设备和不断更新的资料时重新学习能力较弱，很难与最新的汽车技术发展步调保持一致。

3）专业的销售人员短缺。汽车销售人员不应该仅仅是简单地向顾客推销汽车，而应该将自己看作4S店服务链的源头，为整个链条的稳定运行打下良好的基础。但目前国内4S店具备专业素质的销售人员稀少，加上越来越大的销售压力，有的销售人员为了自己的业绩不惜误导消费者，导致消费者满意度下滑严重。对于少数的优秀员工，各个4S店纷纷争抢，使得人员流动频繁，团队稳定性差。

3. 4S店自身的困扰

1）短期利益至上。对于一个年轻的行业，由于缺乏长期的市场经验积累，很多4S店目光短浅，过分追求短期效益，也就是期望完全依赖于销售获得短期的高回报。销售赚钱只能靠多拉客户卖车，可是竞争对手都在如此做，于是就卖配置、加装潢、上保险、上牌等。当然这些有一定价值的附加优惠手段都有其存在的合理性，但是普遍存在的强制性和无选择性的摊销就属于强消费者所难了。更严重的问题是人员素质与培训不到位，不能够完全解答顾客的疑问而只强调购买的必要性，客户当然大呼上当。初次接触就让客户感觉上当的企业和销售，还指望客户在出了免费质保期返店吗？

2）维修费用高，维修时间长。4S店的维修零部件均为原厂所产，由供应商提供，这使得零部件更换产生的费用高于普通维修店提供的非原装配件一倍甚至更多。而且受自身制度的限制，在顾客的车辆遇到故障开入4S店进行维修时，往往不能像普通维修点一样立即进行处理，顾客需要进入复杂的流程并经过很长时间的等待以后才能够将车开回家。从这一方面来说，社会修理厂的即来即修和价格优势对消费者构成很大吸引力，成为与4S店抗衡的重要砝码。

3）信息反馈形同虚设。信息反馈作为4S店的四大职责之一，具有重要的作用。通过消费者的反馈，可以及时了解市场动向，查找4S店服务存在的问题，并制定合理的战略目标等。但是这一重要功能却常常被忽略，造成4S店与消费者沟通不畅通，隔阂严重，失去对市场的预判能力，甚至是偏离正确的营销轨道，导致业绩大起大落。

4. 来自消费者的困扰

随着汽车在国内的迅速普及，汽车越来越多地进入普通百姓家，消费者对汽车品牌的了解不断深入，消费也日趋理性。面对汽车市场数量众多的品牌和车型，在购车时，消费者不但对于销售人员的推销介绍有着自身的判断和辨别，不盲从于他们的建议，在对汽车销售服务的认知能力不断提高的同时，对服务的要求也越来越高。

目前消费者对于4S店的普遍认识是“一流设施，二流销售，三流服务”，可见4S店的服务质量还有待大幅度提高。4S店想靠单纯的价格优势显然已经不能长足地吸引顾客了，还需要从为顾客提供周到的服务开始作出努力，逐渐解除长此以往积累下的信任危机，消除对消费者产生的恶劣影响。

2.4　从客户满意到客户忠诚

2.4.1　客户满意度和忠诚度的关系

客户忠诚度（Customer Loyalty，CL）是指客户对企业的产品与服务非常满意，感到企业正在研究和满足着自己的需求，并乐于免费做宣传，将自己认为美好的事物与亲友们分享。客户满意不代表忠诚，满意只是忠诚的基础，忠诚是变动的，到底能维系到何时，要看基础是否坚固。

客户满意度（CS）强调的是客户对企业服务的满意程度，是一种感觉状态；而客户忠诚度（CL）注重的是客户连续购买的行为，是一种客户行为的持续状态。客户满意度是对外的口号装饰，而客户忠诚度成为企业追求的重要目标。

客户满意度主要有两方面的含义：一是顾客认为自己为购买的产品所支付的价值是否与产品真实的价值相吻合；二是顾客在购买过程中对所接受的服务是否感到满足。第一方面的满意度由汽车厂商来满足，对于4S店来说，只能为第二方面的满意度做出不懈努力。

影响4S店客户满意度（CS）的主要因素有：接触的顾问人员是否关系融洽，质量与服务时间是否满足要求，价格是否符合市场实际，是否消费公平等。

传统的营销理论认为，顾客的满意度与顾客的忠诚度正相关，即顾客满意度的提升会直接提升顾客忠诚度。但是随着市场逐渐朝向多元化的趋势发展，诸如顾客信任、转换成本等因素同样影响顾客忠诚度。日益复杂的影响因素，使得即使达到很高顾客满意度的顾客也未必忠诚。

美国消费者事务办公室的调查，90%~98%的不满意消费者从不抱怨，很简单的选择是转到另外一家。不满意肯定就会转向别家，而满意却不一定保证忠诚。

客户忠诚度则是顾客对4S店满意的基础上产生持续性消费的可能。若想顾客产生持续性消费，不但要让其对4S店的服务感到满意，更要让其产生“留恋”的情绪。让客户产生这种留恋情绪的关键因素是持续消费过程中满意度的变化和不断消费中待遇是否提升。

忠诚的客户就好比“圈养的羊”，可以为4S店在较小的成本下创造更多的效益，这样的客户是与4S店并肩作战、形成获取更多客户的强势联盟。

客户满意度只需要衡量总体满意度、重复消费率、推介率等指标，而客户忠诚度则要更深层次地考虑客户消费次数、消费连续性、价格敏感程度与品牌关系程度等。

维持客户忠诚度需要企业具有自己核心的竞争优势，以及自我创新满足客户实际需求的能力。据麦肯锡的理论，当企业忠诚度下降5%时，企业获利就会下降25%甚至更高。如果每年的客户保持率增加5%，利润会增长85%左右。

因此，客户忠诚度是未来企业竞争的关键所在，有计划地提高客户忠诚度已经成为各个企业最具战略意义的营销手段之一。当客户忠诚度达到一定程度时，出于对企业信赖和服务的认可，即使其他品牌出现更为低廉的产品，客户也不会轻易转身，还会自愿充当推销员的角色。

2.4.2 客户对4S店客户忠诚度服务创新的要求

服务质量是4S店的最大问题，也是客户最为关注的问题。作为服务企业，4S店无法直接提升汽车产品的质量和品质，只能在服务的品质上追求卓越。

无论从哪种角度考虑，服务的基础都是首先能够满足大部分顾客共同期待的服务。如果服务妥善周到、服务人员训练有素，顾客能够感受到服务人员的诚意和热情，那么顾客忠诚度就会提升。4S店在提高顾客忠诚度服务的过程中应该：

1）提升服务质量管理，拒绝完全标准化。4S店想要提供优质的服务，一定是建立在标准化服务和规范化服务的基础上的。如果不能完整提供标准化服务，优质服务无从谈起。

但是如果无区别地对待每一位顾客，显然满足不了每位顾客的个性化需求。因此需要在标准化的基础上按照不同顾客的需求，提供一对一的有针对性的服务。在面对不同顾客的具体需求时，业务员只有反应迅速，并且能够通过换位思考灵活地改变服务方式，才有可能让顾客感到4S店的诚意进而被感动。人们把服务现场的工作人员提供的独特创新的一对一服务称为创意服务，对于顾客提出的特别要求，有创意地提供与之相应的服务，才更有可能走入顾客心里。

2）由盈利导向变为顾客导向。移动互联网时代改变了生意场的方方面面，也改变了客户的需求。科技的进步使客户可以得到充分的信息，互动的、便捷的服务使服务的提供方和需求方紧密连接，客户需要企业倾听到他们的想法。

4S店应该改变以往以盈利为核心的服务理念，转而以顾客为中心，为顾客提供满足其期待的服务，再收取合理的费用。同时要及时浇灭不切实际的期待与幻想，要切合实际，不能自吹自擂，避免让顾客产生心理落差，这样客户忠诚度也就不难维系了。

3）提供额外服务。根据期望理论，人们采取某项行动的动力取决于他对行动结果的价值评价和对预期达成该结果可能性的估计。因此，对于服务业来说，达到客户满意度的关键就在于为顾客提供超出其预期的价值服务，即额外服务。反之，服务企业如果不提高服务质量及额外的价值服务，就会卷入价格竞争之中。随着市场的发展，客户可以在很多地方买到功能类似的汽车，因此客户选择在4S店消费的时候，所关心的除了购买产品与服务外，还关注可以获得何种额外价值。

日本服务专家以分类、分解、模型化的顺序逼近服务理论，通过把450种服务细分行业归纳为21个基本名目，并将这21个基本名目整理后又能得出一个结论——所有的服务行业都可以按照“提供物品的服务”、“提供信息的服务”和“提供舒适的服务”加以分类。三类服务业态可以互相叠加，并能够产生新的服务业务，从而获得新的额外价值。

汽车、手机、游戏机是发展最快的三大行业，叠加后的领域能获得巨大附加值，成为更强大的产业。比较服务业中形形色色的内容，可以说这三大种类融合后的服务业的进化程度更高。如果能够把这三大种类融合并灵活运用，再创新发展出新的服务，则这种服务的灵活运用可能就是提高顾客满意度与忠诚度的一件法宝。移动互联网时代，为这种创新服务提供了融合的平台。

第3章 互联网+时代汽车4S店客户忠诚度管理

3.1 互联网+时代4S店盈利模式

3.1.1 汽车 4S 店的业务

4S 店作为服务企业，必须建立以服务价值观为核心，以创造客户满意、赢得客户忠诚、提升本 4S 店核心竞争力为目标的服务文化。服务文化建立的基础是公司决策层为中层经理服务，中层经理为一线员工服务，一线员工为客户服务。基础越坚实，客户忠诚度越高；反之，客户则容易流失。决策层要亲力亲为推进客户满意度，只有这样才能贯彻到全员和所有工作流程，而不只是喊口号或者应付相关检查，甚至是糊弄客户。

企业的愿景、使命、价值观及战略是企业文化的内核，有着强大的拉升力，只有全员理解并付诸行动，才能互相加分，积极推动。成功的服务文化培养满意的员工，满意的员工带来满意的客户，满意的客户催生忠诚的客户，忠诚的客户打造百年企业。杜拉克说：“商业的目的是获得并保留客户”。忠诚的客户，使得企业在营销和节约成本上都能得心应手地控制发挥，提升企业核心竞争力，忠诚度是最好的口碑宣传，可以使企业获得溢价收入。

4S 店盈利模式按照业务层次分为三个方面：

1）基本传统服务业务：汽车销售、汽车维修保养、装潢精品、配件业务。

2）日常基础增值业务：保险、年检挂牌、消除违章、救援业务。

3）生命周期增值业务：汽车金融、二手车、租车业务。

基本传统服务业务：汽车销售

4S 店背靠厂家支持，是品牌车型的权威与技术专家。

传统业务中，4S 店的汽车销售在国家大的政策环境与本地独特条件的区域市场外部环境下，业务拓展中普遍存在两个方面的竞争：首先面临的是不同品牌之间竞品的竞争；其次是品牌选定后在同一区域同品牌 4S 店之间的竞争。

在品牌竞争的过程中，准客户因为信息不对称，会根据个人的消费习惯与消费能力尽可能收集自己想要购买的车型的信息，这个时候是单向封闭的，只是准客户朋友圈子的交流以及社会广告和社会责任评判。接下来实地考察，可能客户会到不同的 4S 店亲自考察，本来是考察车辆的，但是经过比较可能对不同 4S 店的整体消费环境有一个对比，潜意识会给自己感觉好的店加分，暗自考虑可以来这里买。但客户这个念头只是瞬时的，如果能一直抓住跟踪，则客户在评比完再返回来买的可能性就更大一些。如果没有抓住恰当时机跟踪，那么客户可能就到别的 4S 店了。但是，如果跟踪太过主动，有些客户可能会感觉 4S 店太过热情，会提出额外要求。因此，对客户进行电话跟踪是个两难抉择。在诚信缺失的大环境下，简单如实告知达不到太大的效果。第一轮比较完，有一类客户眼花缭乱举棋不定，这个时候合适、恰当的提醒跟踪是非常有效的，但是有些客户多疑善变，是主动沟通大忌，可能会适得其反，但等到 4S 店有活动优惠的时候再联络，可能已经成为别的品牌的客户了；还有一些客户经过品牌比较后可能就基本决定了，然后就是选择在哪里买。

同城同品牌的友商，在对付竞品的时候，是统一阵线，经过厂家的培训及结合本地实际情况，都会给本品牌鼓劲儿，让客户选择本品牌汽车。但是在客户真的要购买的时候，并不是在哪一家买都是一样的，有的客户嘴上说就近买，但事实上可能大相径庭。同品牌各家 4S 店明着在厂家统一安排协调政策下公平竞争，实际上小单、大单都在竞争，因为一边多一个，另一边就少一个，毕竟厂家各种考核及奖励依据最关键的指标就是销量。当竞争趋于平衡的时候，哪家率先采用新的营销技术与手段，哪家就会略胜一筹。如果对手跟不上，这个差距会进一步拉大。如果涉及顾客满意度同时提升时，创新营销的这家 4S 店基本上就可以在与同品牌友商竞争中获胜。

其他基本传统服务业务：汽车维修保养、装潢精品、配件业务

有时，传统业务会和销售会打包销售。为留住客户或者提升销售，售后的 CSI 考核的方面包括：服务启动、服务顾问、经销商设施、提车过程以及服务质

量，新的考核可能会加入“持续服务能力”。

服务顾问是一个人员比较容易流动的岗位，人才的培养没有国家标准，都是跟着厂家要求统一集中培养，4S 店内部讲师自己培养，资深员工“传帮带”对新员工进行培养等。各家的岗位设置中，基本素质、技能要求、岗位职责、工作流程、考核标准基本都一样，但是也都有各家强调的重点。

经销商设施配置是个痛点。厂家原来的意思是统一设备、模式、流程、标注、配备，结果在中国特殊环境下，4S 店经销商为此付出了比市场高 2~3 倍的价格。在持续的反垄断过程中，这个问题正在逐步得到解决。

服务启动，提车过程基本不会有多大的区别，快速的服务启动减少客户等待时间，让客户感觉受到了重视，感觉舒服，满意买单。

服务质量的区别在于厂家的流程与车间管理、配件管理、工艺管理等要求，以及技师素质等因素。4S 店售后部门的经理，除了财务和人事管理的牵制因素，一定程度上能控制以上要素。

基本传统服务业务的拓展，是 4S 店的生命线，也是竞争白热化和最容易被批评的业务。所谓的不对称信息服务和霸王条款业务，都是这个阶段的。在行业反垄断政策的推动下，不对称信息和霸王条款逐步取消，传统业务和客户经营需要新的思路，是对良性服务制胜与创新制胜企业的崛起机会。

日常基础增值业务：保险、年检挂牌、消除违章、救援业务

以前车好卖的时候，这些业务因为费时间，没有多少 4S 店持续投入大精力关注，客户买车的时候保险强制捎带着就不错了，年检挂牌和消除违章都外包给别人去干，有的 4S 店忙不过来，救援业务都给第三方。

实际上，日常基础增值业务的增加，利润只是一个因素，更多的是和客户与社会接触的宣导机会，是取得社会认可、提升客户满意度的良机。客户进 4S 店消费，4S 店做得再好，客户也会认为是应该的、必须的，不会认是为客户着想，不会有多大的满意度提升，更不会感恩戴德。相反，只有这些客户需要服务时，帮助客户进行汽车本身以外但是和汽车使用相关的业务，才是提升客户满意度、笼络客户的最佳时机。

开展此类业务后，每一次与客户接洽，都会带来新的惊喜，带来新的生意。

根据统计，这些业务会给企业带来大约 15% 的获利收入。

生命周期增值业务：汽车金融、二手车、租车业务

能真诚为客户提供多少服务，就能获得多少价值。生命周期增值业务关注

的是客户汽车消费的两端——汽车购买增值服务和客户结束使用该车时的增值服务。

汽车金融，常用的业务是汽车贷款，这是一项个人业务。在中国，个人汽车贷款是优质资源，收入稳定，同时能带来押金等其他业务收入。

二手车业务对于4S店来说，其实是一个最佳的生意，可以提供额外的品牌质保，带来更多的新老客户。一辆二手车带来一个新的二手车车主，同时原车主换车是一个更好的新车销售机会。

租车业务，能把举棋不定的客户搞定一大半，买不买先用上；同时对老车主的增值服务是提升认知与满意度的一个方法，同时也能获得收入。

根据统计，这些业务会给企业带来大约10%的获利收入。

4S店只有真正地为客户做好汽车生命全流程服务，取得客户的满意，使客户有归宿感与认同感，进而产生忠诚度，才能使企业立于不败。

3.1.2 售后服务体系的核心地位

随着我国经济快速发展，汽车保有量增长迅猛，截至2015年，汽车销售2 450万，乘用车保有量约为1.72亿辆，持有驾照人群约为3.2亿人，汽车市场接近动态饱和，新车销售进入平缓期。

汽车4S店虽然销售的是有形的汽车产品及其零部件，但实体的产品是汽车制造商和零部件供应商提供的，汽车产业链的利润绝大多数为上游厂家垄断，4S店只能够分得其中的一小部分。在整车销售量和利润双双下滑的今天，4S店应该清醒地认识到，最能为其带来利润的是贯穿于整个汽车生命周期的持续服务，4S店在整个汽车产业链中准确的定位，应该属于服务型企业。

继交通运输部联合十部委共同发布“交运发（2014）186”后，2015年8月，交通部又发布了关于修改《机动车维修管理规定》的决定“交通部长（2015）17号令”，其中的各类细则正在紧锣密鼓地实施推动。《汽车维修技术信息公开实施管理办法》“交运发（2015）146号”的出台更表明了政府要在反垄断的旗帜下推动汽车后市场的发展，激活民族汽车工业及汽车服务业的决心。明确确定国家关于汽车服务行业未来的方向与意见，在自由市场环境下反垄断，在汽车服务行业，未来明确的两个核心主线：可追溯；诚信。明确提出了“同质配件”、“汽车健康档案”制度。对这些核心价值理解不透，就抓不住企业的未来。市场的作用就是优胜劣汰，那些不从市场角度考虑问题、不懂得提高客户服务价值的企业终会被淘汰，而认真服务的企业就有更大的发展机会，行业诚信净化效果就出来了。

据统计，在当前环境下，汽车服务企业70%的收益来自售后服务。面对规模如此大的汽车后市场，汽车服务企业想要在新的形势下继续维持利润的持续增长，势必要改变现有格局，牢牢把握售后服务这个利润增长的源泉。在这个利润主体已经由售前转向售后、售后服务作为重要角色逐步在舞台显现的关键时刻，企业应当明确售后服务的质量将直接影响企业的利润，通过不断完善售后服务体系、提高售后服务的质量、开拓服务范围、有针对性地开展面向对象的服务，来保证企业安全度过调整期，增强核心竞争力。

3.1.3 4S店盈利的核心——客户为王

汽车4S店作为准车主迈入汽车后市场的第一个入口，既是买车的通道，也是以后进入汽车服务的通道。4S店存在最为重要的意义是客户能够通过4S店了解汽车后市场的素质与服务，经过众多客户的认知累积就能够汇聚成社会对行业的认知定位。

“客户为王”指的是企业把客户摆在第一的位置，把客户的要求作为企业的首要任务，从根本上为客户解决问题，急客户所急，给客户所需。

从长期的利益关系来考虑，如果4S店能提供及时、有效、有价值的服务，充分满足客户的需求，那么就会增加客户的满意度。只有客户满意度提升了，再加以适当的市场引导，客户的忠诚度才能够保证，企业的长期受益才成为可能。如果客户不忠诚，这个客户随时可能流失，那么企业的长期利益就会受到根本的影响。由此可见，客户满意度是影响4S店盈利的直接因素，唯有以客户为主导、以消费者为中心实施有效营销，才是4S店长期盈利的核心所在。

企业利润与客户满意度相辅相成，是一种辩证关系：一方面，客户满意一部分取决于价格的合理性，甚至有人认为价格越低越好，但是这会影响企业的利润；同时为了取悦客户，有的企业投入大量的资金在硬件和广告投资上，这也会直接影响企业当前的利润。而另一方面，只有客户满意了，才可能有更多的客户来，单个客户边际成本下降，总体客户收益增大，并且远期客户收益也会有更大的增加。客户不满意，当前来的少，以后不来消费，那么企业的短期利润与长期利润都会受到影响，其外在表现就是车一直在卖，销售部门每天都在冲刺，而售后业务平稳，内在本质是老客户的流失。其中潜在的问题是老客户流失的同时，基本没有给本公司做更多的新客户转介，从而影响到销售部门只能日复一日的“冲刺”。

一个企业的价值，早已不是拥有多少厂房、土地、员工，更不只是简单的资产、专利著作权的持有。投资市场认可的企业价值是企业的盈利能力，尤其是未来盈利能力的可扩展性与爆炸式成长潜能。4S店股权转让的过程，并不是简单的市盈率计算加上品牌价值，而是由该店的获利增长价值模型决定的，该模型第一要素就是客户满意度。

只要客户在，4S店就可以通过利用各种异业服务、增值性服务等机会更好地为客户提供超于竞争对手的服务价值，更好地维系客户，从而能够把握汽车服务企业升级转型的关键时机，在新的市场环境下寻求立足之地。

3.1.4 互联网+时代4S店的盈利模式

目前已经进入了互联网时代，确切地说是移动互联网时代，但也是供给大于需求的时代。经过10年的高速发展，客户的需求也在发生变化，一个客户愿意为体验好的服务付出的时代已经渗透到80后、90后主流消费者的意识中。

市场变化过程中，4S店一是受到主机厂传统管理的惯性；二是自己战略悟性不够，学习能力不够，无法与时俱进；三是延用自己以前成功的思路。最终，导致了在供给大于需求的环境下，相当大的企业出现盈利不佳的情况。

自由市场环境下的供给大于需求的时候，众多竞争者迷茫与亏损的时候，正是企业发展的时候。一方面有实力的企业进行兼并，但是同时对战略、管理及落实管控工具提出新的要求。如果能力跟不上，那么盈利就会出现负增长。

对于大部分企业，应当集思广益开源节流，利用新技术和新模式应对市场及客户的变化。

在经营模式上，区域型4S店集团可以采取：

1）专业的钣喷中心，减少投资与管理成本，放到郊外减少成本。

2）综合门店销售模式，多个车型同展厅亮相，对管理能力和员工素质提出更高要求，真正的顾问型、参谋型、专家型员工是核心。

3）社区化的服务门店，走近客户，提倡、引导、支持员工加盟创业，抛弃“宁与外贼不与家奴”的家天下管理模式，一定程度上可以导入“车主技师众筹型连锁加盟”。

4）客户服务上导入“异业联盟模式”，让自己的客户因为4S店得到更多的实惠。

5）利用移动互联网，提高多元化综合服务的能力，提高客户满意度。把来店频次低的修车保养客户变为移动时代4S店APP的客户，提高4S店的服务能力，增加服务机会，实现“变顾客为客户”，利用APP，利用新时代客户的消费习惯和特点，更好地发展我们汽车服务行业。

3.2 互联网+时代客户的特点与后市场新思潮

3.2.1 互联网+时代客户的特点

1）独生子女成为主流：以80后、90后为代表的独生子女开始逐步成为社会主要消费力量，他们是企业重点关注的对象。这部分人对价格不再像上代人那么敏感，但是多数以自己为中心，相对上代人乐于享受，消费前卫，敢于体验新事物。

2）时间碎片化：现代人工作紧张，生活压力大，乐于利用空闲时间来了解与工作不相关的事情（这些时间被称为碎片时间）。传统的营销模式最常见的就是无处不在的广告和持续不断的宣传，这样的营销虽然能使客户耳熟能详，但也容易引起厌烦心理。

社会诚信事件的大量多行业性爆发，引发人们对广告宣传的嗤之以鼻，广告更多像是单方面的自吹自擂。与过去相比，广告的劝说能力大幅下降，对顾客的购买意愿起不到决定性作用。改变说教性广告，使企业品牌深入客户心里，是现代企业营销工作应该关注的重点。

3）期待主动参与互动沟通：经过研究发现，对客户购买下单起最终决定作用的是周边亲友的认可与推荐。对于商家的主动推销行为，大部分消费者是持怀疑与抵制态度的，因为大家感觉隐私权被破坏，生活被打扰，对这种营销感到反感和讨厌。客户真正的期待是由自己主动沟通并且伴随着明确的目的，将主动权掌握在自己手里。

4）渴望更多的增值服务：由于目前4S店普遍存在经营泛化、差异性小的问题。客户对于4S店提供的服务已经有了相当程度的了解。因此，如果4S店只是机械性地向客户提供应有的服务，所有的服务均在客户意料之内，客户只会感觉到理所应当。

但是如果根据客户实际情况，适当地向其提供增值服务，比如赠送小礼品或者送去人文关怀等让客户心里感觉温暖的增值服务，那么无疑会更好地抓住客户心里，提高客户满意度。

现代人们买单的标准是喜欢就好，消费无计划性，强调个性渲染，乐于信贷消费，从小具备品牌意识，标榜自己紧跟潮流。

对于这类客户，如何利用移动互联网，实现连接与沟通，及时满足其需求，从思路上引起共鸣，让它们帮助企业宣传，把消费者归拢到企业周边，是未来成功企业必备的能力。

3.2.2 互联网 + 时代后市场新思潮

从农业社会一直到工业社会，消息的传播渠道有官方消息和民间小道消息两大类。官方消息的话语权被各级政府机构直接把控，同时一些专业媒体机构也间接地被官方把控；小道消息没有来源，传播基本是靠口口相传，或者小字报大字报，传播明显具有片面、速度慢、范围小等时代特点。

移动互联网是真正的互联网，让每一个人都有可能成为消息的制造者、传播者、整理者，可以让不同的人在同一时刻将各种消息分享给整个社会或者自己的小圈子，具有速度快、范围广、突然性高的特点。

移动互联网使得原来处于新闻制造边缘的受众成为新闻信息传播的中坚力量，传统媒体受到自媒体的挑战。

传统时代新闻媒体将传播者与受众者分得很清楚，它们是“自上而下”“点对面”的传播方式。而移动互联网兴起的自媒体打破了这种不公平的格局，自媒体不再有传者和受者的界限，每个人都是传者，每个人都能做新闻，“人人即媒体”。因此，在播客网站上，我们不再提及“受众”一词，而更习惯说“客户”。

在移动互联网时代，网络传播成为“无门槛”的传播方式，任何网络客户都可以成为传播者。在技术层面，自媒体具有非线性传播、零门槛、低成本等优势，正是这种互联网的特性决定了客户发布的信息内容不完全受网站的控制，传统媒体对信息的筛选把关以及议程设置的特权将面临前所未有的挑战。

自媒体突破了地域限制，突破了以前传统专业机构庞大的制作与传播体系。大众的参与让专业新闻媒体的价值降低，每一个事件，第一时间都是参与者围观者发起，专业新闻往往受制于各种要求而滞后。

微内容与个人情感体验被客户共鸣后引发的全民参与，产生的影响是传统单向媒体无法衡量的。

微博传播较为广泛，博主发一条消息，粉丝通过自己的微博主页就能看到关注人主发的内容，但是现在人们关注得不多，所以能看到博主发的消息是随机的。微信就不同了，微信公众平台号发一条群发消息，所有关注的人都会收到这条消息。M4S是基于每个独立的传统汽车服务企业内部客户的服务沟通平台类产品，服务专业性强，能精准到对一个具体的客户自动发出和客户有直接关联的消息。

微信出于商业的考虑，对企业的公众号做了很多限制，目的是不能扰乱微信本身的战略布局和价值，就给企业级别运营带来了层层限制，客户不能有非常强的个人体验，不能对具体客户推送定制的消息。

每个专业服务的企业，不论是银行、证券、宾馆、餐饮等服务企业，都希望利用专业的APP而不是微博、微信来为客户服务，因为这种专业级别的业务互动工具，能精准到人，个人定制和自己直接利益相关的有价值的连接的内容，自动计算推送到目标客户。

在移动互联网时代，对于企业级别应用APP，客户只想动最多三下大拇指就能解决问题，没有人想去深入研究别人的东西。微信公众号下的微网站，客户进去要输入查找，专业的术语叫路径太长，通俗的叫客户体验不好，所以移动互联网经过了三年的大范围推动后，专业的服务机构比如银行、机场、证券等都推动了自己专业的APP。

专业的服务类APP遇到的问题是：

推广问题：如何让客户下载？

刚需问题：如何让客户不删除？

高频问题：如何让客户多用？

真需求问题：如何让客户愿意掏钱？

体验问题：如何让客户一键搞定？

解决了以上问题的企业级别服务类APP，将是传统服务行业升级转型的成功标志，完成了客户忠诚度的移动实现：把顾客变成了客户。（MAKE THE CUSTOMER TO A USER!）

什么是客户？非主人就是客人，客人就是客户！客户可以定位为潜在客户与已购买客户。

什么是顾客？光临惠顾的客人！

什么叫客户？不管客人是否惠顾，只要你使用我提供的服务，哪怕是免费服务，你就是我的客户！这种客户的服务边际成本是零，但是企业的影响力和渗透力指标实现了，这个客户的贡献就是成为顾客，帮助企业在客户的圈子里传播，实现企业的品牌业务扩展和转介新客户的价值！通俗说就是维系老客户，利用老客户转介新客户！

APP 应用，是对客户工作的一场价值零和博弈，变为双方价值最大化的一场企业与客户关系的革命！

老客户转介新客户得到奖励，奖励可以应用到客户的日常生活中去；企业减少传统营销费用，利用老客户带来新客户，给老客户奖励，给新客户较好的体验。客户既是消费者，也是传播者，只有在移动互联网时代，才能便捷地实现这个主客共生共赢关系。

移动互联网时代，在汽车服务行业，出现了两种商业逻辑的竞争：一种是大平台概念，称为 2C 模式，最成功的 C2C 模式就是滴滴出行。所有的出租公司、租赁公司都在这个平台下给客户服务，平台掌握话语权。而租赁公司想做一个 APP 推广给客户，如神州租车这类上市公司，这个叫 B2C 企业平台，企业本身就是具体业务的经营者。说明传统服务企业不想依靠第三方平台，需要自己的平台来服务自己的客户。

在汽车服务行业各种 2C 平台里，过去最红火的是洗车平台与上门保养。经过两年的摸索，目前市场节点不到。这类平台是把客户吸引到自己平台上，然后直接销售各种和汽车相关的配件、服务、保险等。在传统的汽车服务行业中，劳动得不到认可，就是靠配件赚点钱，配件的信息不对称导致服务价格的差异化，实际配件包含了厂房工位、设备、工人及投资的成本，减去这些成本，看起来接近 50% 的售后毛利，净利润能到 15% 的不多。2C 平台的思维是给客户让利一部分，自己得到一部分，给服务企业留下一部分。给企业的说法是我给你带来客户了。但是企业发现，这些客户本来就是自己可以挖掘的客户，刚开始的时候愿意合作，最后不了了之，这是互联网思维在汽车服务行业目前没有成功的本质原因。

汽车服务行业的客户比银行、酒店、餐饮、股票等的客户更具不确定性，因此汽车服务业更需要专业的移动互联接近方案，更需要专业的 APP 来实现对客户进行便捷、快速、互动服务，能作为一种互动沟通工具，在企业、员工与客户之间实现一对一的服务；消费者能第一时间获得和自己以及车本身相关的各种提醒、通知、资讯；企业能第一时间把活动推送给消费者；利用移动互联网的特性，消费者可以得到额外的实惠，企业可以得到精确的老客户对新客户的转介与开发信息。

把传统的各种客户管理服务的积分、储值卡、消费券、会员管理功能用移动电子会员卡实现，使其管理更清晰、更简单明了，对消费者会有非常大的吸引力。如果能把汽车的维修档案放到车主手里，那对汽车消费者也会非常具有吸引力。这些功能足以吸引客户下载且不删除这个企业服务的 APP。

利用这种移动服务工具，能改变以前电话、短信、微博、微信效率不高的状况，大大提高了沟通效率。

以前印制各种彩页及利用人工给客户回复各种问题（如配件订货、会员需求等）都是传统时代的解决方案，如果能用移动工具（不介入特定员工来完成），就好比流水线上用工业机器人代替工人，是一场服务行业的革命。

在满足消费者汽车生活模式的情况下，满足企业的客户维系，提高客户的转介，提高企业沟通效率，减少经营成本，如此的企业级移动互联网工具，势必是汽车服务行业升级转型的必备利器。

3.3 互联网+时代4S店客户忠诚度管理

3.3.1 互联网＋时代 4S 店客户忠诚度管理四要素

中国汽车市场的竞争越来越激烈，市场也越来越成熟，对于 4S 店来说，在产品与企业社会责任形象不能有突飞猛进、竞争品不太可能拉开明显距离且分销网络都趋于完善、产品性价比越来越均衡的情况下，汽车服务就成了唯一相对较小投入就可能和竞争对手拉开差距的一个社会关注的关键指标。

根据美国学者的研究可以看出：对于一个企业来说，吸引一个新顾客的费用是保留一个老顾客费用的 4~6 倍，而顾客流失率减少 2%，相当于成本降低了 10%。降低顾客流失率并留住老顾客最有效的方法就是提高顾客的忠诚度。而中外相关领域专家学者的研究发现，顾客忠诚度大体可以分为三大类型：意识忠诚、情感忠诚和行为忠诚。

所谓意识忠诚，是指 4S 店的客户在未来仍然存在潜在交易的意向。具有意识忠诚的顾客对于企业的忠诚度较弱，是企业需要加强管理的对象。

所谓情感忠诚，是指顾客对于产品和服务的满意度较高，与企业从业人员联系较为密切，对企业有一定感情基础并能够积极地对待企业提供的产品和服务。这部分客户是企业最好的人力宣传媒介，借助他们对企业的热情，可以很好地进行品牌推广，赢得口碑。

所谓行为忠诚，顾名思义，是指有重复性交易产生的顾客。此部分人忠诚度较高，对企业文化认同感强，是企业利润的重要来源。

值得注意的是，由于忠诚度容易受多种因素影响而不断变化，因此企业在对待客户时，不应因忠诚度的有无和强弱而明显地加以区别对待。应该充分利用发达的互联网资源，采取各种管理措施，不断提高客户的忠诚度。

客户的忠诚，表现为三个核心要素：持续消费；把自己的体验介绍给朋友；请朋友来参与。

在移动互联网时代，再也不能把人邀请到一起，采用现场做试验、请人来分享、当场下指标的模式来直销。需要有一个跨时空、跨地域、随时随地可以进行沟通的工具平台，来实现持续黏性连接，分享体验，转介邀约朋友。因此，集客管理、黏性管理、利益分享和基于移动互联的智能平台，就构成了互联网+时代客户管理的四大要素。

3.3.2 集客管理

网络环境下信息搜寻成本低，使顾客可以轻而易举地对企业的产品和服务进行评价和对比，这一特点造就了顾客的易变行为，增加了企业顾客流失的风险。同时网络的透明性让产品价格不再成为秘密，无形中给企业带来了价格压力。企业若想在无形的网络生活中吸引新的客户，需要从客户的角度出发，满足客户的心理需求，不断地为客户输入与企业交流互动的源动力。

集客管理是汽车服务企业为了扩大客户群体，通过线上与线下相结合的方式拓展企业业务以吸引新客户、保持老客户活跃度的管理手段。集客管理应具有以下特性：

1）效用性。成为企业稳定客户之前对新客户最具吸引力的无疑是企业的效用性，通过信息交换，新客户发现企业具有效用，对产品和服务产生浓厚兴趣是客户群得以扩展的基础。

2）娱乐性。客户与企业交流的频率和与企业交流的时长都是反映客户忠诚度的标志。如果客户仅在有业务需求时与企业交流，对于汽车服务行业来说无疑频率过低。低频的交流很容易造成客户的流失。

但是想要增加与客户交流的频率，汽车服务企业就要拓展与客户日常生活相关的业务，只有这样才能够维持理想的沟通频率和时长。增加娱乐性业务无疑是企业最好的选择。网络的丰富多彩使客户已经难以接受任何乏味单调的单方面推广。通过推出别出心裁的活动，将兴趣爱好相同的客户吸引到企业平台，是集客管理成功与否最为关键的要素。

3）归属感。网络生活大大减少了人们面对面接触的机会，人们被动地被隔离成独立的个体，归属感普遍缺乏。如果企业能够充分利用线上线下平台，将客户聚拢在一起，提供交流的平台与机会，并且有意识地培养集体的概念，久而久之，客户与客户以及客户与企业之间就会形成情感上依赖，由此产生的顾客忠诚度有着坚实的感情基础。

实现集客，第一是内容要满足客户的需求，吸引客户的关注，所以在运营层面，要设计客户需求场景，用图文、视频模式把内容展现出来，通过工具平台给客户送积分，或者提高客户共鸣，让客户把内容分享到他自己的各种社交媒体工具，如微信、微博、QQ 等平台去，吸引他们的朋友关注参与。

通过集客管理，企业可以广泛地吸引新顾客，并且通过娱乐性业务的开展持续调动顾客参与度，避免了顾客短暂性参与的可能性。具有意识忠诚的顾客通过经常性地交流产生归属感，更有可能变为行为忠诚的顾客，强化了顾客的忠诚度。

3.3.3　黏性管理

高度活跃的市场经济给消费者提供了更多的选择余地，信息交流的加快和沟通的日益频繁在为企业带来更多商机的同时，也不可避免地增加了竞争的压力。激烈的竞争使得企业留住客户变得越来越困难。作为能够准确描述企业与消费者关系的词语，“黏性”一词逐渐吸引了企业管理者的关注。“黏性”是指基于对企业的了解和认知，客户与企业之间保持持续或者连续关系的程度，是反映企业吸引顾客的能力，也是客户对企业的一种依赖心理。顾客黏性增加表现为与企业交易频繁，因此重视黏性管理是增加企业竞争力的重要因素，也是客户忠诚度管理的重要手段之一。

顾客的黏性是建立在顾客感知基础上的心理反应。本文中顾客感知是指，在与 4S 店交易过后，顾客通过实际接受的服务与期望得到的服务之间进行对比，产生的对于企业整体服务的评价。可见，顾客感知是顾客满意度的首要评价指标，也是影响顾客黏性的重要因素。

究其本质，顾客黏性是顾客对企业及其员工的情感归属，在互联网＋时代影响顾客黏性的因素主要有：

1）基本价值。汽车服务企业对于客户的首要也是最重要的价值就是向客户提供快捷周到的汽车售前、售中、售后一条龙服务。产品的品质和服务的质量是衡量企业价值的两大核心指标。汽车服务企业唯有将本职工作做好做精，能够提供出上乘的产品和优质的服务，对于顾客来说才具有基本价值，也是企业培养顾客黏性的根基。

2）人文关怀。作为以客户为导向的服务型企业，对客户的人文关怀能够直接影响客户的心理感知。企业在了解客户的需求后，如果能够做出迅速反应，及时解决客户问题，无疑会让客户感受到企业对他们的尊重与重视。这种被珍视的感觉对于顾客来说属于情感加分，长此以往，顾客会对企业慢慢产生心理依赖感，顾客黏性就此形成。

3）互动沟通。互联网的出现使原有的面对面的人际沟通被电子媒介所取代，如何在虚拟的网络世界与客户保持有温度的沟通是每个企业亟待解决的难题。企业应该充分利用网络的便捷性，以及电子媒介赋予沟通的实时特性，与客户保持良好有效的高频次沟通。当客户有需要时，首先想到向企业寻求帮助，让多次的交易形成客户满意度，最终很好地维系客户黏性。

黏性管理，本质是让客户多利用这个企业级别的服务 APP，紧密围绕汽车的服务本身，延展到车主个人的服务、汽车生活的服务中去。希望在这个 APP 工具里，能提供给车主汽车生活所需的各种资讯和解决方案。在移动互联网时代，对于具有关联度的各种需求，整合在一起就可以形成高频概率事件，比如救援、代驾、专车、看电影、自驾游好友聚会等，都是通过平台来提高客户黏性。

黏性管理是企业为留住老客户而采取的管理措施，也是企业针对具有情感忠诚客户的忠诚度的强化管理。通过黏性管理，在完善基本业务的基础上结合人文关怀和良好的沟通，增强客户对于企业的信任感，从而避免客户的流失。

3.3.4 分享管理

汽车服务业务的逐年完善使得客户的口味越来越“挑剔”，完美的服务流程已经不能够成为企业竞争的筹码了。现如今，企业如果只是简单地按照流程向客户提供应有的服务，是很难满足客户的期待的。客户所期望的是更为“超值”的服务。

虚拟的网络容易给客户带来疏远的距离感，但是汽车服务企业提供的是有形的服务，想要借助互联网这个大平台为企业宣传，又要让客户能够从互联网中形象地感受到企业所提供的服务。客户对于企业信息的接受程度很低，如果过多地“灌输”极易引起客户的反感，但是其他客户的行为，尤其是亲朋好友的推荐，对于客户来说却是多多益善的。

分享管理就是抓住客户的“超值”心理，通过制定适当的奖励政策，鼓励客户在自己的社交网络转发企业的信息，在企业的管理平台相互赠予企业的电子卡券的过程。客户在获得应有服务的同时，还能够得到积分、礼品、卡券等额外的价值服务，“超值”心理极大地得到了满足，客户满意度也随之提升。

同时，电子卡券的积累过程也是客户转介率升高的过程。客户转介率高，客户黏度势必提高。

客户在自己的社交媒体分享企业信息，属于行为忠诚的客户，同时也是口碑宣传的执行者。所谓口碑宣传，是指客户向自己的亲人、朋友或同事等推荐企业或者企业产品的行为。口碑宣传是企业宣传最有效的方式，因为宣传者与亲朋好友关系亲密 ，这种宣传带来的潜在客户从感情上对企业信赖，因此这部分客户的保留度高。出于这种信赖，随着交易过程的进行，客户产生忠诚的可能性极大，从而可以成为长久稳定的客户，所以口碑宣传对企业客户黏度的维系有着重要作用。

通过对内容的共鸣或者实惠奖励，让客户分享口碑，是移动解决方案的目的。分享需要提供到常用的各种社交媒体，微博、微信、QQ 只是常用的，很多国外的 Facebook、Twitter、Whatsapp、Line 等也都是不错的分享平台。

分享的核心是内容，比如好吃的、实惠的、好玩的以及特别震撼的内容，都容易引起客户共鸣，进而转发。做好内容运营，是分享管理的核心。

3.3.5　互联网 + 智能平台建设

进入成熟的市场后，企业不会展开简单的降价大战，而是以其他方式超越其他企业。例如与顾客进行双向交流，通过网络寻找与顾客的连接点。换句话说，企业要以信息为基础，与客户密切联系，根据顾客信息提供周到的服务，并由此衍生出商品服务，通过这些方式来提高客户的满意度。

汽车 4S 店客户来源主要是以下几个方面：

1）开发首次购买客户。

2）从竞争对手处挖客户。

3）老客户的重复消费与介绍。

因此，要加强客户信息管理与沟通，绝对不能让顾客再次被其他公司夺走。

不着眼于提供高附加价值，企业在竞争中就不可能获胜。在激烈的市场竞争中，企业要想控制买新换旧市场，增加购置市场，并能够获得新顾客，把竞争对手的客户争取过来，只靠以往的市场手段或以往的经营模式是不可能的，汽车服务企业必须寻找新的机遇来迎接这种挑战。

有热点、有共同价值观、能引起共鸣、有个体利益的内容，无疑是传播的起点，如何把这些内容分享传播出去，再达到集客应有的效果，需要靠落地的工具平台来实现。如何让消费者得到这些价值、资讯、服务，势必需要每个汽车服务店自己专业的移动互联工具（APP）来实现。一个能第一时间实现资讯推送、能让客户自助解决问题得到帮助、能实现分享传播到各种通用平台的企业级的 APP，是服务企业在移动互联时代升级转型成功、获得客户战略核心竞争力的法宝与必备利器。

随着计算机技术、通信技术、智能手机技术、物联网技术等的快速发展，利用计算机、互联网、智能手机等管理顾客信息与沟通成为新的沟通模式，将优秀人才所掌握的技巧变为任何人都能利用的共同资产的架构也成为可能，利用互联网技术提供不是特定的员工而是全体成员都能提供优质服务的系统也成为可能。这为汽车服务市场的竞争提供了新的发展机遇，如何将这些新的技术应用到汽车服务市场，开发新的商业服务模式，从而提高客户满意度和忠诚度，成为汽车服务市场研究的关键。在这种背景下，我们提出了一种全新的提高客户满意度理念和模式——M4S（Mobile for Service），基于移动互联的汽车服务，这也是本书介绍的重点。

第4章　客户忠诚度智能管理平台M4S总体设计

4.1　M4S设计理念与思路

4.1.1　设计理念

在移动互联网和汽车业飞速发展的这几年，汽车服务行业的APP应用产品无处不在，其实很多APP应用产品在设计层面做得并不够。在智能手机时代，APP应用产品已经成为发展趋势，那么，怎样才算是好的APP应用产品呢？其基本设计理念是基于移动互联网技术，以提高集客管理、黏性管理和利益分享效果为出发点，以提高客户忠诚度为目标，为汽车服务企业建立独立的智能服务平台，为汽车服务企业提供智能移动互联解决方案。

1. 客户定位

每个APP应用产品都有固定的适用人群，而这决定了应用的内容是什么，也决定了要给使用者以什么样的客户体验。

M4S的业务模式是2B2C（to Business to Customer）模式，是帮助汽车后市场服务企业来维系自己的客户，为客户提供智能化服务的一个系统。所以，M4S直接面对的客户是Business，即汽车后市场服务企业；而直接使用群体是Customer，即有车的客户（称车主）和即将买车的客户。

M4S本质就是给汽车服务企业定制各个企业自己为自己的客户服务的独立的APP、独立的后台、独立的云服务。后台是企业运营，APP的服务人群这个企业的客户，由云服务提供存储与计算。

M4S 的实质就是移动互联时代汽车服务企业客户核心工作的工具平台。通过这个平台，实现转介集客、维系客户黏性、分享传播三个移动时代客户工作核心价值。

2. 功能定位

一个 APP 应用产品必须有明确的使用目的。作为一个汽车服务企业基于维系客户忠诚度和提高客户黏度的移动智联系统，必须具备以下基本功能：

1）维系保有客户，减少客户流失。通过移动互联网的推送，把企业的相关资讯图文并茂地第一时间推送到客户手里；通过对车主行为与汽车的分析，第一时间把与车主、汽车保养维修、车生活、异业联盟的各种提醒体验通知发给特定的车主；汽车维修档案、车主会员积分与俱乐部的各种在线与线下消费记录明细可查；客户有专业的顾问服务，实现专享服务。

2）集客、分享、转介。通过内容的共鸣、利益的传递，让消费者把企业的相关内容通过 M4S 内嵌的移动互联网的各种实时沟通工具分享到自己的朋友圈、朋友群、空间等地方。通过这些客户的传播，来影响它们周边同档次的消费者，让他们关注汽车服务企业的活动，积极参与进来，达到老客户转介新客户、实现准确集客的目的与功能。

3）提高工作效率。通过 M4S，能够实现对客户的公开通知，对某些特别（比如哪款车、哪年的车等）的客户进行定向推送通知，也能实现对某些客户的个性化自动化通知（比如什么时候该保养了，卡券快到期了，保险、年检快到了等等）。与短信、电话相比，利用移动互联方式，使得效率大大提升。

4）节约成本。通过 M4S，可以实现沟通的自动化，减少电话、短信成本，节约人员打电话的时间与人力。利用 M4S，可以实现以前部分管理的沟通效率（比如客户专门订购的配件到了，系统可以自动通知客户与服务顾问；比如客户可以看到自己车的在修视频，提高体验感），引入维修面对面在线支付，客户可以直接将钱转到公司支付宝或者微信支付账号，节约客户时间，企业提高效率的同时还节约了人力成本。

3. 对企业的价值

智能管理平台为企业提供以下价值：

1）让每个汽车服务企业零成本实现移动互联升级转型，M4S 通过 SAAS 模式提供服务支持。

2）让每个汽车服务企业拥有自己的APP，同时拥有安全、私密、可靠的私有云平台。

3）让每个汽车服务企业都有可能借助APP从事企业传播。

4）让每个汽车服务企业都有可能借助APP进行内部人员管理，提高工作效率，提升服务质量。

5）让每个汽车服务企业提升增值服务机会，在销售上能实时有效地蓄客与集客，提升销售达成率和老客户的转介率；在售后上降低客户流失率；做好客户预约；做好客户追踪关怀等。

6）让每个汽车服务企业节省大量的人力成本，尤其是收银员的人力成本。

4. 对客户的价值

对于安装使用智能管理平台的客户而言，可以提升以下价值：

1）能让每个客户感到被尊重和重视。通过专人服务来实现贴心服务。

2）能让每个客户获取到物质上的利益。通过积分可以换礼品、卡券，也可以不定期抢到各种异业联盟优惠卡、券、红包。

3）能让每个客户学到更多的知识。通过汽车知识库获得汽车相关知识，培养消费者进步是行业进步的必经之路。

4）能让每个客户感受到用车无忧。通过专业模块服务与专人服务，解决车主汽车生活中绝大多数的问题。

5）能让每个客户享受到便捷的服务。通过功能设计，人性化地把客户需要的服务模块和基于LBS地理位置的服务提供给客户。例如：周边的加油站、洗车店、医院、停车场等；周边的企业维修连锁店，周边的异业联盟优惠店；就近的救援等。

6）实现车主的社会化交友功能。逐步通过社群服务来实现车友俱乐部的功能。

通过转介集客、共鸣分享、维系客户打造的汽车服务企业移动互联APP工具平台，可以帮助汽车服务企业实现移动互联时代的升级转型，跟上时代、消费者、市场的趋势，获得更大的、持续的成功。

M4S理论体系中，从汽车生活的刚性需求出发，设计了48种“场景”。每个场景的完成都是靠平台本身、企业级员工、异业联盟功能的“连接”来满足客户需求，提高客户的使用频率和依赖性；实现车主客户到APP客户的转变，进而到忠诚客户的转变；帮助汽车服务企业实现移动互联时代升级转型的精髓核心——“变顾客为客户”！

4.1.2 设计思路

有了明确的理念和构想，智能管理平台设计思路需要考虑客户界面设计、客户交互设计、功能设计、系统功能构架设计等几个关键问题。

1. 客户界面设计

客户界面是 APP 使用者与 APP 交互的地方，应该遵循简洁、美观、便捷的原则，需要让信息一目了然，不隐晦，不误导。从 APP 使用者的角度出发，带给客户良好的使用体验是最重要的。

客户界面包含移动中使用场景、布局、色彩、图片、按钮、文字等元素。怎样设计使客户体验最好呢？一定要合理运用这些元素，这些元素不是简单摆放的过程，而是包含了智力和经验的过程。

2. 客户交互设计

客户界面因为有了交互才变得灵活起来。在 APP 开发中，交互的启用都是通过客户操作的事件来触发的，比如手指的点击、滑动、捏合等操作。通过定义这些事件，我们可以精确地对客户的操作给出响应，或者打开新的界面，或者在当前界面上展现客户需要的内容。

设计师设计 APP 的动效，就像导演一样，布局不同场景中界面元素的登场方式。不同元素的出现、运动、消失，要足够连贯。必要时，需要加上动效。动效的语义需要保持一致，避免认知的混淆。动效设计包含有以下几点：

1）转场动效的平滑性。APP 设计越来越强调沉浸式的体验，页面和页面之间的切换也需要更加流畅，转场动效需要更加极致和平滑。如果你还没有为你的 APP 提供转场动效，那么你已经落伍了；如果你还是使用比较传统的转场动效，如向左滑动或放大缩小，那么你的体验也已经落伍了。M4S 产品设计增添了平滑无缝的切换和体验，让信息传递没有阻力。它将各种视差动效、过渡动效、入场动效、强化动效等，通过动效将功能及引导元素串联起来，活泼地展现在客户面前。

2）多样化新手引导性。APP 的设计增加了新手引导功能。静态图片或蒙灰图层的新手引导容易被客户忽略，眼前一亮的新手引导才能让客户有学习的欲望与冲动。新颖的新手引导往往会突破静态图片这种方式，通过生动的故事、吸引眼球的动效、场景化的图片、语音引导及视频小短片等新颖的新手引导吸引客户的眼球。

3）信息构架扁平化。APP 设计中一个比较重要的设计因素，是效率的最大化。在有限的展示区域内让信息显示最大化，从 2013 年 IOS7.0 发布后，我们追求界面扁平，注重通过弱化视觉效果，来强化功能主义。界面风格的扁平化还远远不够，从 2014 年、2015 乃至 2016，我们应该从信息架构角度，再进一步地应用扁平化，这也是信息架构的扁平化趋势。信息构架扁平的目的是减少信息层级，追求信息到达客户的最短距离。通常，APP 的层级关系不如网页直观，不存在面包屑或是站点地图允许客户任意跳转。纵深的返回机制会增加客户的操作成本，扁平的信息构架会从根本上解决上述问题。

3. 功能设计

核心功能的设计需要注重对客户的吸引力。注重提供客户的使用率，提高客户的黏性，提高应用的分享和对新客户的转介，在提高企业服务质量的同时，降低企业的成本。

1）将客户带入应用中：注册功能设计。注册功能是客户进入 APP 的一个门槛。据调查显示，应用被下载后，26% 的应用只被打开过一次！开发者辛辛苦苦开发了一款 APP，好不容易有人下载安装了，首屏注册表繁琐吓跑了好多客户。所以 M4S 应用产品首先考虑设计了合理的注册功能，为了留住客户，循序渐进，将客户带入应用中，一开始只需简单地用手机号来注册。

2）吸引客户使用：优惠活动功能设计。APP 设计的好不好可用客户量以及客户上线量来衡量，APP 能否吸引客户是客户决定是否使用 APP 的一个关键因素。所以 M4S 应用产品针对“吸引客户”这一点从两方面着手设计了一些功能。

① 经济利益的吸引：优惠活动、电子钱包的功能设计。经济利益是一个永恒的话题，没有一个人不希望获得经济利益。现实中最简单的例子：超市节假日的优惠活动，会吸引比平时多 1 倍甚至更多倍的人。M4S 应用产品结合了这一个理念，设计了优惠活动版块。优惠活动能让客户毫不费时费力地领取免费的卡券，同时让汽车服务企业不需要租住活动场地，不需要印制传统纸质的卡券，不需要电话邀约，节省了大量的资金。

② 精神上的利益：免费获取知识是精神上最好的充实，我们通过汽车新闻、汽车知识库的模块，让有车的客户（车主）和即将买车的客户能对汽车领域的知识了解得更多、更深。由此，车主便知道什么时候保养最合适，买车的客户便知道哪一辆车性价比最高，等等。

3）增加客户黏性，提升客户忠诚度：积分换礼品、咨询、预约等功能的设计。留存客户最直接的表现就是要看APP设计是否有黏性，市场上有太多的APP，它的客户群体大多数是“僵尸客户”。M4S应用产品避免出现大量的僵尸客户，所以设计了以下功能。

① 积分换礼品功能。传统企业的积分兑换大家应该都不陌生。以“超市”为例，客户办理会员卡，来超市买东西就可以累积积分，积分累积到一定程度就可以兑换相应的购物卡或礼品。M4S积分兑换功能就是将线下的流程搬到线上来进行，客户只要完成积分任务就可以获得相应的积分数量，积分任务包含有每日登录、客户转介绍、见面礼、客户生日、参加预约维修等。客户用已有的积分在线上兑换企业提供的礼品，这无疑是一个增加客户黏性最好的功能了。客户只要每天上线就可以轻而易举地免费获取积分，免费兑换礼品。这样的好事客户何乐而不为呢?

② 咨询功能。M4S应用产品为企业提供了商家端和客户端。客户有任何问题都可以在线上咨询专业的顾问，顾问很快便可给予详细周到的解答，让客户真正做到用车无忧，买车放心。

③ 预约功能。大家对医院的预约平台比较熟悉，如果不预约我们日常看病就要忍受“排队2小时，看病5分钟”的现实，其道理也适用于现在的汽车服务企业。所以，M4S应用产品避免客户等待太久，为客户节省时间而提供了预约功能。

4）扩大企业宣传：推送、分享功能。病毒传播的速度有多快?大家可想而知，在互联网行业中，“病毒式的传播”被商家应用作为传播的最好途径，一传二、二传四、四传八，M4S也应用这一点设计了推送、分享功能。汽车服务企业每次搞的活动都能精准地推送给客户，客户可以使用分享功能将这次活动内容转介给朋友，让自己和朋友获取，让企业得到较广的宣传。

5）提高工作效率，提高服务质量：满意度评价功能。客户对顾问的服务评价是否满意取决于顾问的服务质量与服务效率，所以这个功能起到监督顾问服务、激励顾问提供高水平服务质量的作用。

6）节省企业成本：在线支付功能。

首先，在线支付功能为企业节省了大量的收银成本。某某汽车集团收银员就上百个人，这上百个人的工资是一笔可观的费用。运用在线支付功能，这笔费用轻而易举地就节省下来了。

其次，在线支付功能为企业节省了刷卡费等成本。现在，人们出门不会再带大量的现金了，一张银行卡就可以完成一切消费支付。但是大家都知道，线下的银联卡、信用卡刷卡的费用是按笔或费率收取的，这些费用都是从商家费用里被扣除的，而线上支付运用微信支付和支付宝支付费率只有0.6%，所以，对于一个月收益上百万的企业来说，节省的手续费也是一笔很可观的费用。

综上，这两方面的费用足可以吸引企业的决策者导入智能管理平台了。

围绕上述目标，智能管理平台可以设计开发出更多的功能，如紧急救援，找邻近的医院，洗车店，找代驾，查询违章等。详细的功能设计，将在后面做具体介绍。

4. 系统功能构架设计

确定好功能后，就需要把这些功能分类串联组合起来了，要分清哪些是重要功能，哪些是次要功能。重要功能要放在显眼的位置，次要功能要放在隐蔽的地方。

功能串联后，仅仅会满足一个或者一类汽车服务企业的需求。每个汽车服务企业的功能需求是不一样的。难道针对不同的企业，都要出一套解决方案吗？都要开发一个APP吗？答案当然是“不”。基于这样的需要，我们开发了一个能生成多个APP的批量生成平台。每个汽车服务企业在M4S生成平台上能够根据需要自己配置所需功能，这就是M4S的构架设计。

基于以上每一个环节的分析，我们最终将M4S设计成一个能实现多种不同功能、能符合不同企业需求特点的APP的一个生成系统。

4.2 M4S技术构架设计

4.2.1 总体M4S技术构架

M4S采用的是比较流行MVC架构。MVC全名是Model、View、Controller，是模型（Model）、视图（View）、控制器（Controller）的缩写，是一种软件设计的典范，如图4-1和表4-1所示。MVC的目的是将M和V的实现代码分离，从而使同一个程序可以使用不同的表现形式。C存在的目的则是确保M和V的同步，一旦M改变，V应该同步更新。

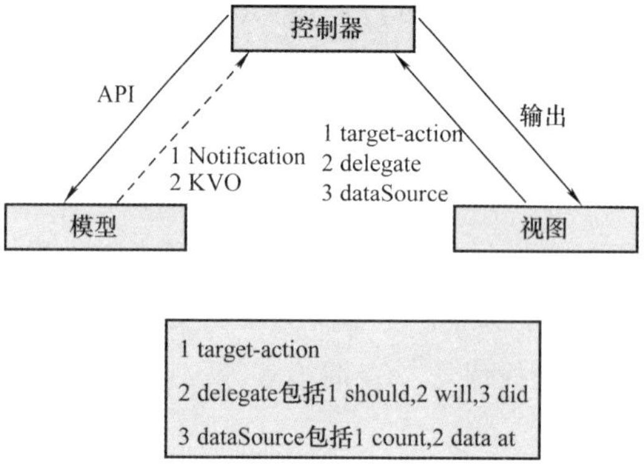

图 4-1 MVC 技术构架图

表4-1 MVC作用与设计原则

层 次	作 用	设计原则
模型层（Model）	封装了应用的一系列数据，并定义了操作，处理这些数据的逻辑和计算规则	通过Notification,KVO对控制器进行反馈
视图层（View）	视图对象是一个应用中，客户可以看到的对象。视图对象知道如何绘制自己，也能够响应客户的操作。视图对象的主要目的之一是将应用模型对象中的数据显示出来，并允许客户编辑该数据	视图层不能直接操作模型层，通过target-action，delegate，dataSource和控制器进行反馈
控制器层（Controller）	控制器层是在视图层和若干个模型层的中间人	控制器可以直接操作模型层和视图层

M4S 构架包括：移动终端客户端 APP、移动终端顾问端 APP 和 PC 后台管理端。具体构架结构如图 4-2 所示。

① 客户端、顾问端的提醒功能是建立在提醒服务基础上的。

② 客户端的支付功能是建立在支付服务基础上的。

③ 客户端和顾问端的基本会话功能是建立在会话服务的基础上的。

④ 自动生成 APP 是建立在生成服务基础上的。

⑤ 客户端、顾问端、PC 后台管理端的图片上传和下载是建立在图片服务基础上的。

⑥ 客户端、顾问端、PC 后台管理端数据交互是建立在核心服务的基础上的。

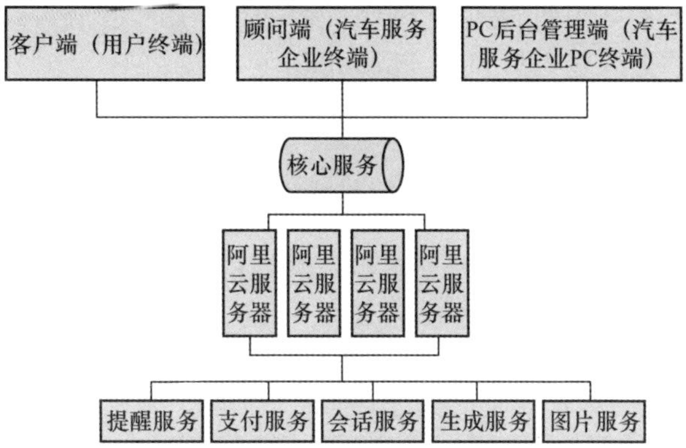

图 4-2 M4S 结构构架图

4.2.2 M4S 构架插件式模式的技术实现

M4S 构架插件式模式的意义：M4S 产品应用是将构架功能和插件功能进行分离式的开发。我们把一个 APP 应用具有的基本功能归属于构架功能中，独立性较强的功能归属于插件功能，每个独立的功能定义为一个插件。这样构架插件式模式的好处是让构架功能发挥最大的价值，任何企业都可以基于构架功能之上进行开发，避免大量重复性的工作。企业如果想增加什么功能，可以直接将这个功能（可以单独开发）集成到构架系统中。下面具体讲述一下构架插件式模式是如何实现的，以 IOS 系统为例：

构架的技术实现：构架是由主工程 M4S_MainProject 及开发包 M4S.framework 组成。主工程 M4S_MainProject 主要负责应用启动，注册各种所需的第三方服务，配置文件解析及其他插件载入。开发包 M4S.framework 提供插件基类 M4S_PluginBase 及插件管理类 M4S_PluginManager，约定了插件的启动和相互调用方式。

插件的技术实现：插件使用静态库的形式，统一继承自插件基类 M4S_PluginBase，并定义在 M4S.framework。下面着重介绍一下增加新插件的实现步骤。

1）新建工程，类型选择 Cocoa Touch Static Library，工程名使用按照约定好的插件名称进行定义。

2）引入开发所需构架 M4S.framework。如有需要，还可引入 LeeFramework.framework、SDWebImage.framework。

3）设置 Framework Search Paths 为 $（SRCROOT）/../M4S_MainProject。

4）在插件头文件添加 #import <M4S/M4S.h>。

5）修改插件类的基类为 M4S_PluginBase。

6）新增加的插件需要将自己的插件名称加入这个配置文件。

4.2.3 M4S 批量 APP 自动生成的技术实现

M4S 批量 APP 自动生成流程通过以下的结构图来表达，如图 4-3。

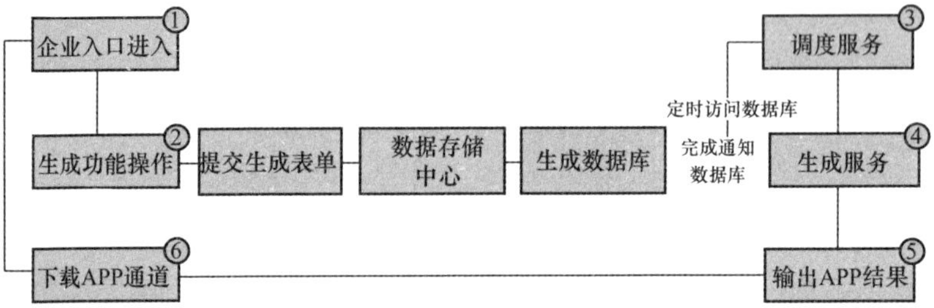

图 4-3　M4S 自动生成流程图

具体技术实现步骤：

① 让汽车服务企业用已分配好的企业 ID、账号和密码登录到服务器的后台管理系统中。

② 进入生成功能，打开生成页面，企业设置自己 APP 的名称与品牌标识（Logo）。

③ 点击生成，系统自动提交生成表单。

④ 提交的表单数据经过数据存储中心处理后存放在生成数据库中。

⑤ 调度服务自动定时地去访问数据库有没有生成任务要执行。如果有，则开始调度生成服务去生成；如果没有，则继续访问等待。

⑥ 生成服务将对应的数据经过处理，在 IOS 和 Android 的生成服务上各自编译，打包，最终生成企业需要的 APP 安装包。

⑦ APP 的安装包是通过 APP 下载通道让客户下载安装的。APP 下载通道具体会在后台管理系统中给汽车服务企业展现，比如二维码。企业用生成的二维码就可以对外宣传自己的 APP 应用了。

综上所述，每个企业都可以通过操作步骤①和②，使系统自动在 10 分钟后生成一个属于自己企业的 APP。通过步骤⑥和⑦，APP 就可以被下载安装到手机上了。

第5章　M4S客户端设计

商用客户端是客户与企业直接交流、提出需求、获取信息最为直接的平台，也是企业树立自身形象、提升客户满意度与忠诚度的重要媒介。在网络技术高速发展的今天，客户端犹如网络店面的前台，其服务质量和客户体验的好坏均成为客户对企业进行评价的主要依据，同时也是影响企业自身推广的重要因素。因此，客户端的开发成为各行各业在日益激烈的网络竞争中的重要砝码。这是由于：一方面，当客户打开客户端时，证明其自身产生的某种需求希望通过客户端得到满足，此时，如果企业可以适时、恰当地帮助客户解决问题，无疑会增加客户的满意度，客户下次再遇到同类问题时便会顺理成章地想到同一家企业，无形中提升了客户忠诚度。另一方面，当客户端被打开时，客户便开始被动地接收某些信息，如果利用好这宣传的机会，相当于把公司的名片一次性派发给客户，会高频次地出现在客户视野，宣传的效果事半功倍，而成本则大为降低。

当然，单纯依靠企业的本职工作常常不能达到理想的效果，如果客户仅仅在有需求时才打开客户端，那么使用频率必然不高，低频的使用给客户的维系带来很大的难度。因此，客户端还应拓展其功能，丰富其内容，将客户生活所涉及的方方面面涵盖其中，并且增加与客户的互动，从而能够更有效地吸引客户，增强企业竞争力。

5.1 M4S客户端构架功能设计

5.1.1 客户端功能构架

客户端的基本构架主要分为活动、提醒、分享和服务四个模块，如图 5-1 所示。

图 5-1　客户端功能构架图

1. 活动

随着网络技术的飞速发展，客户端如雨后春笋般喷涌而出。对于一个优秀的客户端来说，想要从众多的竞争者中出类拔萃，除了提供最专业的技术服务以外，还应具有长足的吸引力，从而能够牢牢地把握住客户。这就需要企业与客户之间形成良好的互动，变被动等待客户为主动吸引客户。如果企业想要具有长久的吸引力，必须要采取一定措施，提高客户活跃度。不定期地组织各种活动就是很好的选择。

M4S 为企业提供了组织四类活动的平台：支付类活动、领取类活动、报名类活动、关爱类活动。涉及日常生活的方方面面，能够满足企业参与顾客实际生活的要求，也是顾客丰富生活的好助手。活动模块如图 5-2 所示。

图 5-2 活动模块

2. 分享

对于企业来说，M4S 平台的使用者不仅仅是企业需要竭诚服务的客户，同时也是企业潜在的宣传者。但是如果企业只想一味凭借业务的精良取得客户的好评，从而以客户口口相传的方式帮助企业宣传，不仅速度缓慢效率低下，而且宣传力度有限，难以达到理想的效果。如果企业能够制定一定的奖励政策，给予主动分享活动、分享软件的客户一定程度的优惠或者奖励，使得客户在自身利益得到满足的基础上心甘情愿地成为宣传者，这就是 M4S 客户端分享功能的设计理念。

客户借助分享功能不但能够通过分享客户端和有趣的活动得到积分等回馈，还可以相互赠送卡包礼品，使之成为日常礼尚往来的新选择。分享功能的提出，可以看作宣传链中的催化剂，加快了信息流通的速度，借助已有客户的人脉，拓展了使用客户的覆盖范围。为了鼓励客户使用分享功能，使分享能够真正被其他客户分享到。在功能设计上，当信息被客户分享以后，如果客户的朋友进去看了，则额外再给客户积分。

3. 提醒

现代社会人民生活水平日益提高，日常生活越来越丰富多彩。为了吸引消费者，与衣食住行相关的行业纷纷推出各类储值卡、积分卡、优惠券作为营销的助推剂。但是不同行业之间，以及每个行业不同店面之间的积分优惠规则都不尽相同，会员信息共享困难。管理种类繁多的卡券账户为客户带来很大困扰，导致客户常常错过优惠活动或者忘记部分积分变动，造成不必要的损失。4S店也不例外，通过设置各类积分，组织优惠活动来吸引顾客，提高顾客忠诚度。但如果卡券或者优惠活动在变更前没有通知到位，顾客在想要使用优惠卡时才发现已经失效，那么对顾客满意度会造成不可估量的损失。使得4S店不但没有达到提高客户忠诚度的目标，反而失去了消费者的信任，致使忠诚度降低。

为了保障客户权益，避免此类现象的发生，M4S客户端设有提醒服务，包括卡、券到期提醒，券转赠领取提醒，积分变动提醒，储值卡变动提醒。此外，考虑到大部分客户汽车保养意识淡漠，常常由于错过最佳保养时机，而使车辆损坏。为了防止此类问题的发生，平台设有车辆保养提醒功能，可以适时提醒车主按时定期保养。年检提醒、保险续保提醒、生日提醒、还贷提醒等提醒功能则是为了提升顾客的好感，用温暖维系客户群。

4. 服务

4S店的业务核心就是给顾客提供各项技术服务。服务对于4S店来说无疑有着不可取代的重要地位。4S店将车主日常用车可能需要的服务集成于客户端，无论车主在日常用车过程中遇到哪些问题，都可以立即通过客户端进行咨询或者求助，并能得到及时的答复和处理。如若行车过程中出现紧急情况，只需按下SOS便可在第一时间得到救援，高效及时。M4S平台还设有车辆维修保养档案一键查询功能，车主只要将维修记录信息录入平台，建立个人维修档案库，系统就可以根据录入的汽车里程数，在汽车保养周期表中自动显示相关的保养项目。保养自动提醒就是系统根据车主的汽车参数，运用系统建立的庞大的维修保养数据库和独特的提醒算法，自动合理地给车主提供保养提醒等内容。有条件的4S店还可以根据M4S的标准接口，把企业的ERP或者CRM相关内容共享，使客户能自己查到保养维修档案。

5.1.2　客户端产品功能导航

客户端功能导航的首要作用是突出产品的核心，扁平化客户的任务路径，尽可能保证客户在3步之内到达想要前往的页面。选用友好的导航界面，可以使整个产品逻辑清晰，功能分类合理，客户体验度好。就像聘请了一名优秀的导游，无论去到何处，都能够畅通无阻，称心如意。

M4S主要由四大模块组成：轮生活、车业务、汽车健康档案和个人中心。产品的整个体验流由这四个模块贯穿，且每个入口相对独立，为了保证切换效率，扁平化客户任务路径，采用标签式导航将这四个模块平铺于页面底端。客户所处页面颜色与其他三个颜色不同，视觉上凸显当前客户位置，避免客户路径迷失。

轮生活的二级导航采用轮播导航与宫格导航相结合的导航方式。广告部分采用轮播导航，在节省页面空间的同时增添了客户端的生动性，并且缓解了界面一成不变的沉闷气氛。而洗车指数、限行情况、汽车新闻知识库、紧急救援等功能由于相对独立，关联程度不高，所以采用宫格导航将它们直观地展现出来，方便客户操作。

维修档案旨在管理客户维修保养信息，由于内容清晰是本模块的第一要素，使得其二级页面需采用列表式导航。客户的维修保养信息记录于此，以便查阅参考。

列表导航结构清晰，冷静高效，可以高度概括出模块的特质，因此用在个人中心再合适不过。个人中心内容包括：通知、个人信息、会员卡明细、车辆信息、兑换的商品、我参与的活动、预约记录、购买商品记录、钱包。这是客户自我信息管理的地方，也是企业帮助客户记录日常用车生活的最佳工具。

5.2　M4S客户端主要功能

5.2.1　轮生活

1. 天气信息、洗车指数、限行情况

天气信息是车主日常生活与外出行车最为关注的信息之一。烈日高照的艳阳天，驾驶人应随身携带好墨镜，以备遮挡刺眼的强光，获得良好的视野，以确保行车安全。大雨瓢泼天气下，车主应做好防雨措施，如检查刮水器状态、

关闭天窗、携带雨具等。而及时安装防滑链，则是下雪天或者路面积雪结冰时出行的第一要务。客户端设有天气预报功能，可以为车主提供最及时的天气信息以供参考。当顾客打算洗车时，如果看到天气预报不久会下雨，那么他就可以推迟洗车计划，一定程度上节省了开支。

此外，对于像北京、杭州、成都等车流量大的城市，各地政府为了缓解交通拥堵，纷纷出台了因地制宜的限行政策，限行信息也逐渐成了车主日常不可或缺的出行信息。

基于上述情况，M4S平台可以将天气信息、洗车指数、限行情况集成于客户端页面中部供客户随时随地查看，方便快捷。同时客户端的高度集成也减少了功能相似的客户端的重复安装，为顾客获取信息节约了时间，也节省了手机内存。“生活参考指数”界面如图5-3所示。

图5-3 “生活参考指数”界面

2. 今日运程

此部分参考中国传统文化，为顾客提供日期、时辰等信息，作为顾客日常生活的调剂，也可以作为重要日期的提醒。“今日运程”界面如图 5-4 所示。

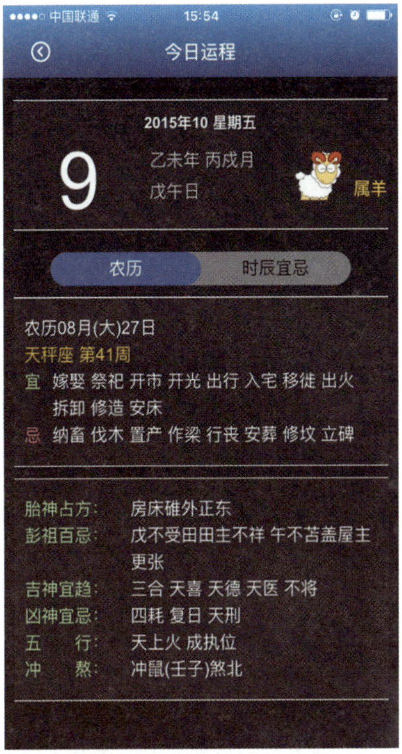

图 5-4 “今日运程”界面

3. 汽车新闻 / 知识库

目前国内绝大部分车主都是非汽车专业人士，接触汽车时间有限，对汽车的了解不够系统，所懂得的汽车知识也仅仅是从驾校、网络及朋友聊天的只言片语中获得的。相当一部分人由于专业知识欠缺，加之 4S 店曾经并不完美的声誉，因此在面对业务员的介绍时心存排斥，因担心店员过度推销而拒绝汽车保养，常常使爱车错过了最佳保养时机，反而使车辆有所损伤。殊不知，合理的保养维护，既可以增加行车可靠性，也能够延长汽车的使用寿命，目前的保养技术已经拥有将汽车的寿命维护在 30 万千米以上的能力。更为严峻的是，顾客常常明知故障很小，但面对 4S 店的漫天要价和信息的不对称却束手无策，多花钱事小，小问题大修便无法容忍。

此外，也有一部分客户对汽车有着浓厚的兴趣，乐于利用闲暇时间补充车辆相关知识，了解行业最新动态。客户端“汽车新闻”功能便能够满足这部分人的需求。新闻每日更新最前沿的汽车市场信息，发布权威测评，供客户闲暇时阅读，开阔视野。作为客户日常休闲的一种不错的娱乐方式，可以增强顾客的“黏性”。“汽车新闻”界面如图 5-5 所示。

图 5-5 “汽车新闻”界面

客户端“汽车知识库”作为存放专业知识的仓库，存储了大量汽车基本知识和本领域专家技术人员的经验，保证客户在遇到问题时可以随取即用。汽车新闻及知识库的设计旨在为广大客户提供最基本的汽车保养维修知识，弥补普通车主对汽车相关信息了解甚少的缺陷，从而保证车主在面对基本故障时不会惊慌失措，在与 4S 店的沟通中，不致过分紧张。汽车知识的增长一方面可以增加顾客在与 4S 店交流时的信心，使顾客更愿意与店员交流，同时，顾客专业知识的提高，侧面对 4S 店产生压力，也起到一定的监督作用。另一方面，在面对 4S 店保养产品的推荐时，顾客能够利用自身知识进行评判，减缓抵制情绪，有益于双方平等理智地对话，营造和谐的汽车后市场环境。

4. 代驾服务

我国《道路交通安全法》明确规定了酒后驾车的处罚规定，酒后驾车危害重大，应该坚决禁止。但对于上班族而言，计划外的工作应酬、朋友聚会在所难免，传统观念常常让大家认为只吃饭不喝酒不利于感情的增进和气氛的调节，但如果情之所至小酌几杯，那么开车就变成了酒后驾车，这常常使驾驶人陷入两难的窘境。

针对当今有车一族应酬与开车相冲突的问题，一个新兴职业随之产生——代驾。代驾是指付钱给某位驾驶人，允许其驾驶车主自己的汽车将车主送往某地的职业。代驾的出现，很好地把驾驶人从上述的两难的境地中解救出来。而将代驾服务集成于M4S平台，也是时代大势所趋。客户只要在客户端点击“e代驾”按钮，系统就会自动跳转到4S店的同盟商。同盟商都是经过长期考察后的可靠的代驾机构，可以帮助顾客找到代驾的合适人选。

5. 紧急救援呼叫功能

行车在外，车辆难免出现故障。一旦遇到问题，客户当然希望能够第一时间与4S店取得联系并获得相应救援。M4S客户端可以满足这一需求，客户只要在客户端的对话页面联系顾问即可。顾问在收到求救信息后，会第一时间联系相关人员快速展开救援。如果车主此时所处位置偏僻，数据网络覆盖不佳，便不能进入客户端系统与相关顾问及服务人员进行在线联络。但是，只要通信信号畅通，便可以直接通过电话与技术人员进行沟通。客户端系统会向顾客提供多个4S店的电话供客户选择，该功能不需要数据网络支持，具体操作为：

① 启动系统，此时由于没有数据信号无法进入功能页面，但会出现“拨打紧急救援电话”按钮，点击此按钮就可以自动拨打系统提前设置的紧急救援电话，如图5-6所示。如果此时想与顾问取得联系，可以进入“客服电话”页面，点击顾问名字，就可以拨打所选服务顾问的电话。

② “SOS”救援，在直接启动服务企业救援电话的同时，客户也可以录入自己的故障情况，拍摄图片，调整地理位置信息，“发送”更多资讯给汽车服务店及自己的服务顾问。

图5-6 “紧急救援”界面

如果车主在服务店的有效服务半径之外，需要救援的时候也可以进行上述操作，服务企业接到客户的救援要求后，可以在后台查找客户地址附近经认证的 M4S 服务企业，并通知该企业去救援，一方面服务了消费者，提高了客户信赖与感激，另一方面也可以给同行带来业务。

6. 优惠活动

作为增强顾客“黏性”的重要手段，吸引力十足的优惠活动不可或缺。优惠活动由 4S 店策划推出，顾客可以在客户端报名自己感兴趣的活动。如果 4S 店顾客分析做得好，推出的活动新颖丰富，吸引的客户就会多，顾客使用客户端的频率自然升高，这样就很好地将客户“黏”在了 4S 店里。“优惠活动”界面如图 5–7 所示。

7. 礼品商城

积分管理是会员管理的重要手段，顾客凭借自己在本平台获得的积分，可以在礼品商城兑换喜欢的物品而不需要付费。也就是在保证提供给顾客正常服务的同时，赠送给他们附加的惊喜。但积分换礼品已经成为各行各业不可缺少的营销手段，对顾客来说早已不再稀奇。因此，4S 店本着坚守自身特色，结合业务实际和顾客切身利益的理念，为顾客准备了与汽车生活息息相关的各种礼品。“礼品商城”界面如图 5–8 所示，形式多样，避免了礼品泛化缺乏吸引力的通病。

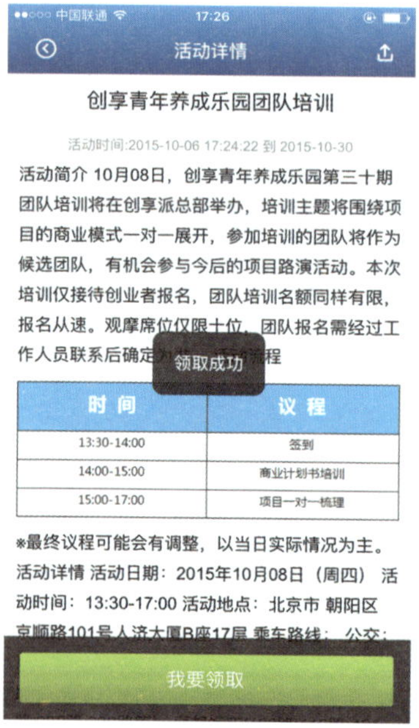

图 5-7 “优惠活动”界面

图 5-8 “礼品商城”界面

同时，本平台还提供了获得积分的多种方法，如分享活动、每日登录等。如果顾客发现商城中某件商品非常喜欢，而自己积分不够，也可以通过上述办法赢得更多积分。借助礼品商城功能，4S 店不仅可以给老顾客带来额外的福利，还可以提高顾客的活跃度和参与度。

8. 违章查询

在日常行车过程中，违章情况在所难免。即使有着多年驾龄的老驾驶人，如果驾车去往不熟悉的城市，或者不知道交通规则的更新，甚至是同一路段指示灯位置有所改变等情况都可能产生违章行为，更不用说对于新手而言，反应速度慢，驾驶经验缺乏，违章情况虽然努力避免却也难以减少。随时查询车辆违章情况、了解违章信息、及时缴纳违章费用是每个驾驶人应尽的职责。尽早了解违章情况，及时调整驾车习惯，可以防止错误的重复出现，也是驾驶人对自己对社会负责的表现。客户在输入本车辆信息后，在页面中便可以实时查询到本车违章情况，高效快捷，操作简单。

9. 电话列表

对话列表是 4S 店为顾客提供的各个部门的电话信息。顾客在有需要时可以直接拨打电话联系相关部门对问题进行咨询提问。

10. LBS 页面

客户打开手机中的 GPS 定位功能，点击进入 LBS 页面后，系统即可将车主所处周边环境信息详细地展示出来，包括周边咨询及服务等。“周边服务”界面如图 5-9 所示，具体包括“周边服务”里面的“加油站、停车场、洗车店、医院”，未来还会添加充电桩等信息。“连锁店”中的“维修连锁”可以把一个品牌下各地的服务点直接在地图上显示出来，方便为客户服务；“异业联盟”指的是服务企业的友好关联商户，也可以在地图上标注出来，企业签约的优惠信息可以给车主使用，更好地提高客户黏性与价值。每个地图上推荐的企业也有自己的介绍页面、联系方式、地址、特色等，通过地图共享汽车服务企业的优质客户，有效准确地获得潜在的消费机会。

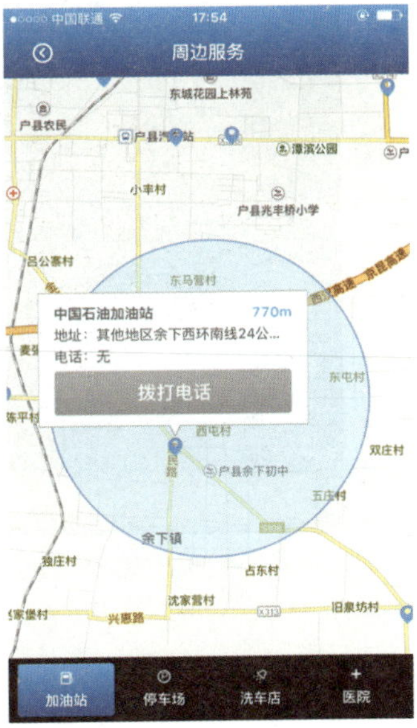

图 5-9 “周边服务”界面

当客户在行车过程中遇到紧急情况时，只要在求救页面发出求救信号，4S店就可以根据 LBS 页面所显示的求救客户具体位置迅速展开救援行动。即使客户的车辆在外地发生故障，4S 店也可以借助 LBS 页面快速查找到距车主最近的 M4S 体系内的维修点，从而能够在最短的时间内对顾客进行救援。

5.2.2 车业务

1. 预约维修

随着人们日常生活节奏的加快，顾客的时间意识逐渐增强，人们越来越不愿意将自己的宝贵时间花费在等待上。如果 4S 店仍旧沿用传统维修体系，顾客的汽车遇到故障时，只能上门等待排队维修，显然已经不再适合当下的生活节奏。预约维修的出现，可以很好地解决顾客与 4S 店之间的这一时间矛盾。当顾客的爱车出现故障或者需要保养时，只需点击“车业务”中的“预约维修”项便能够进入“预约维修”界面，如图 5-10 所示。点击“预约时间”一栏进入“预约维修时间选择”界面，如图 5-11 所示。

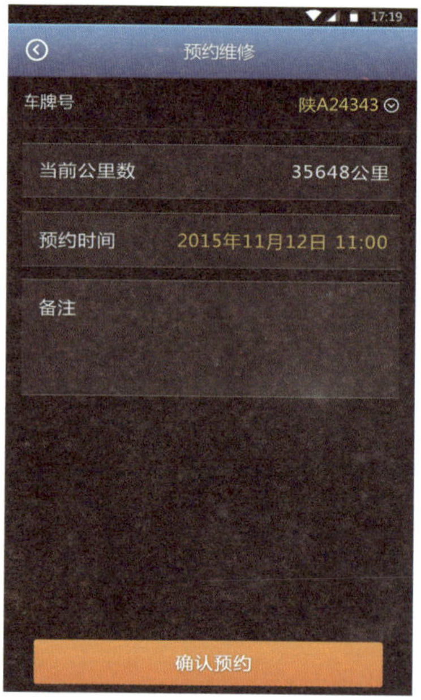

图 5-10 “预约维修”界面

图 5-11 “预约维修时间选择”界面

系统可以直接读取已绑定客户的车牌信息，但对于首次预约维修的客户，则需预留联系方式。4S 店提供的维修保养内容会提前在后台设置好，因此客户进入界面后，可以直接选择想要预约的项目。在弹出的“预约维修时间选择”界面里，客户可以看到未来任意一天的预约情况，包括可预约人数和已预约人数，时间精确到每小时。顾客根据这些数据选择适合自己的维修时间，最大限度地减少了等待时间，快速高效，省时省力。

当然，预约维修是双向选择。客户在预约申请提交后，系统会第一时间与相关 4S 店沟通协调。对于 4S 店来说，预约维修在统筹安排好维修时间的同时，对于相关配件的准备也更加有针对性，不但降低了店内成本，而且提高了工作效率。在协调妥当后，系统会及时向客户发送预约成功的信息。

2. 金融保险

汽车金融服务主要指与汽车产业相关的金融服务，是在汽车消费各个环节中所涉及的从资金供给者到资金需求者的资金流通渠道。在这里主要指的是消费者需求的汽车消费的金融信贷、汽车抵押质押借款。

汽车金融是汽车产业与金融产业的结合，是当前产业金融的重要领域。

在中国，汽车金融尚处萌芽阶段，而在国外，汽车金融公司早已在多年的市场考验中成熟壮大，发达国家的平均贷款购车比例约在 70%。截至 2006 年，全球 41 个国家有 38.2% 的客户是通过贷款买车的，汽车金融公司已经成为汽车公司重要的利润来源之一。当一个国家人均 GDP 达到 700 美元时，便开始进入汽车消费时代。 2004 年 8 月 18 日，上汽通用汽车金融有限责任公司正式成立，这是《汽车金融公司管理办法》实施后中国成立的首家汽车金融公司，标志着中国汽车金融业开始向汽车金融服务公司主导的专业化时期转换。目前，上汽通用汽车金融公司是国内最大的汽车金融公司，截至 2011 年 12 月，上汽通用汽车金融公司业务范围已扩展至全国 30 个省 300 多个城市，为近百万购车者提供贷款服务。

随后福特、丰田、大众汽车金融服务公司相继成立。2004 年 10 月 1 日，银监会又出台了《汽车贷款管理办法》，以取代《汽车消费贷款管理办法》，进一步规范了汽车消费信贷业务。中国汽车消费信贷开始向专业化、规模化方向发展。在这个过程中，保险公司的车贷险业务在整个汽车消费信贷市场的作用日趋淡化，专业汽车信贷服务企业开始出现，银行与汽车金融公司开始进行全面竞争。

截至 2011 年底，中国汽车金融公司主要有 13 家，另外创富汽车金融是“租”代“售”模式的代表。

如今，各金融机构都意识到，汽车消费信贷的含义并不是简单地将车卖出就算工作结束，还必须将售后服务等纳入这一系统中。

现在国内提供消费信贷的机构，均以自营或联合等不同的形式提供汽车销售一条龙服务和售后服务。但在售后服务的深度与广度方面，国内外还是有一定的差距。

发达国家的汽车金融公司一般会提出全套的汽车维护保养方案，以帮助客户得到合理价格的维修服务，而且维修费用还可设计在分期付款中，使客户备感方便。

汽车金融服务助推 4S 店经销商从“资源型”企业向“服务型”企业转型，势在必行。

因此，汽车金融是各品牌厂家汽车金融消费公司在 4S 店的业务延伸，也可以是 4S 店与相关银行合作进行的为客户提供融资购车的一项增值服务。使用汽车消费金融工具，可以吸引更多的客户消费，提高销量，同时获得额外的财务收入。但是多数客户没有时间或者精力考虑汽车金融，只有在独立思考的时候，会考虑该业务。但是客户单独思考的时候又会信息不对称，这个时候跟进提供详尽的政策服务，如提供人工咨询，无疑能提升业务达成率。

除了金融外，汽车保险业务也是考量汽车服务店的一个主要指标，同时保险对维系客户与利润收益具有非常重要的意义。

“金融保险”包含车辆续保、新车保险、金融服务功能的介绍，如图 5-12 所示。

把相关的业务介绍给客户，客户需要的时候，只要拨打右上角的电话就能直接联系相关的业务人员。

3. 二手车商城

二手车市场在我国兴起于 20 世纪 90 年代，虽然起步较晚，但是发展迅速。由于国内经济的迅速发展，汽车保有量迅速增长，带动我国进入了车主频繁换车的阶段，二

图 5-12 “金融保险”界面

手车交易也日趋活跃，呈现出一片大好的繁荣景象。尽管二手车交易前景广阔，潜力巨大，但由于管理体系不健全，加之没有完整合理的估价体系，以及交易双方信息极为不对称等问题，导致二手车业务成为普通消费者不敢碰触的灰色领域。很多消费者由于专业知识缺乏，又得不到可以信赖的指导信息，在面对二手车的巨大诱惑时，有心无力，只能望洋兴叹。

本平台为顾客提供了最专业的服务支持——估价代卖业务。点击平台在售的二手车，即可得到此车的具体信息和详细情况介绍，如图 5-13 所示。消费者可以根据这些信息，结合自己的预算和心理预期选择购买。同时车主也可以进行二手车车源发布，如图 5-14 所示。

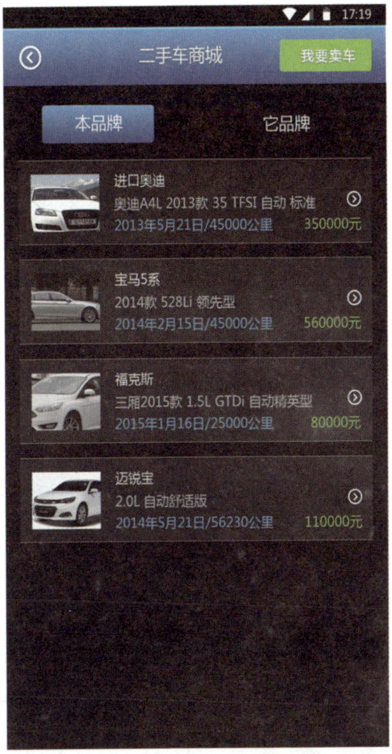

图 5-13　二手车商城

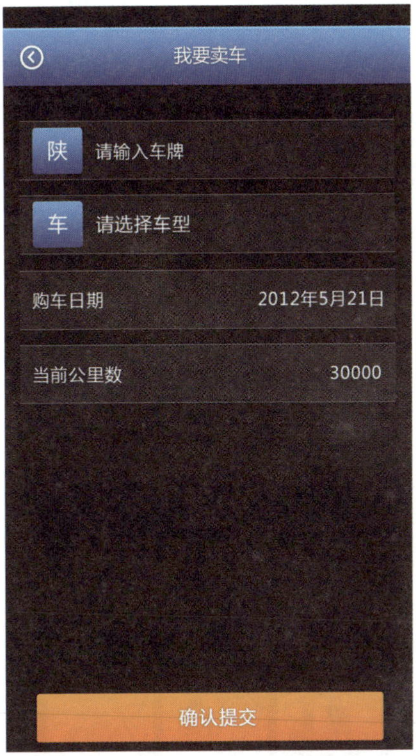

图 5-14　二手车车源发布

只需填入车源相关数据，上传真实车源图片，点击“发布”后，你的二手车信息便上传到 4S 店后台。4S 店会聘请专业人员对信息进行甄别，确认信息合理可靠后，此车源即可在客户端平台进行售卖。4S 店向顾客提供经过专家评估审核后的二手车车源，保障了顾客的知情权，顾客可以放心购买。二手车作为汽车置换业务的后续，也是汽车服务企业的获利途径。

4. 电子商城

随着汽车保有量的逐年增加以及我国城市公路的高速发展，汽车作为现代人民生活必不可少的出行工具，所承担的角色已经不仅是车主外出时的代步工具。爱美的车主引发了汽车美容装潢的潮流，沉迷技术的车主推动了汽车改装的兴起，加之电商的迅速崛起和网络购物的风靡，无不给4S店带来巨大商机。

因此，M4S平台设立了“电子商城”，其界面如图5-15所示。售卖4S店内汽车配件、美容工具、改装用品等产品，供消费者在线上选购交易。网上商城具有很强的实时性，消费者在选购时无须等待，即看即买，大大节省了购物时间。而且电子商城不受工作时间限制，顾客可以在任意时间进行选购，延长了交易时间，并且实现了交易的透明化。

消费者通过便捷人性化的商城任意挑选物品到购物车，然后结算支付，整个过程顺畅实用，资金直接到企业账户，方便快捷。

5. 电子相册

电子相册与礼品商城一样，是4S店用以吸引顾客、维系客户活跃度的平台，界面如图5-16所示。4S店可以将店内活动、员工介绍、名车美图等照片上传于此，展示给顾客。顾客浏览相册中的图片，可以了解4S店的企业文化、店

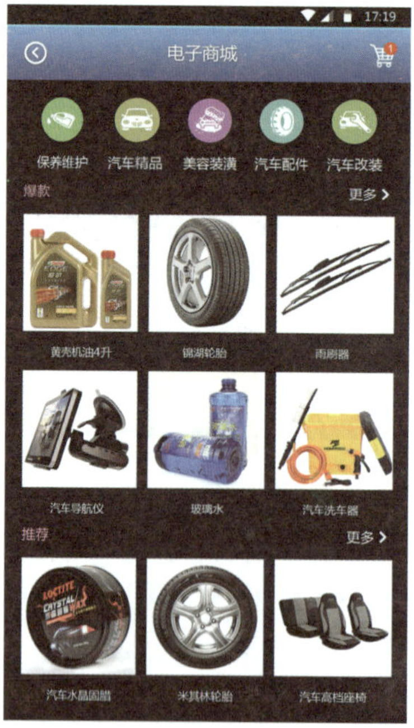

图5-15 “电子商城”界面

图5-16 “电子相册”界面

内的最新优惠活动等，如果相册足够精美，顾客甚至可以将其看作休闲娱乐的美图欣赏区。

6. 透明车间

顾客与4S店最为突出的矛盾，追溯其本质，源于信息的不对称。车主将车交给4S店维修之后，只能听之任之，毫无选择权与决定权。常常是汽车一旦进入4S店，则无病小修、小病大修、过度保养等问题层出不穷，凡此种种有违市场规则的现象屡见不鲜。

为了重新树立4S店良好的服务形象，带给顾客公开透明的维修保养体验，M4S平台特开发了“透明车间”功能。只要顾客在客户端绑定的汽车送入店内维修保养，“透明车间”界面便可以自动识别处于维修状态的汽车的车牌号。此时，顾客如果想要查看现场状况，只需打开摄像头，点击“透明车间”功能中的“我要看视频”按键，如图5-17所示，便可看到维修现场的修理状况（图5-18）。而且不受时间和地点的制约，真正做到了“透明”。

图5-17 “透明车间”界面

图5-18 透明车间视频案例

7. 会话

在互联网迅速发展的今天，顾客更多地倾向于快速解决问题，节约时间成本，提高沟通效率。如果顾客产生的疑问可以借助客户端在线得到解决或者指导，部分人工手续就可以在客户端在线完成，这无疑会给客户带来便捷之感。久而久之，顾客就对客户端会产生依赖性，也就是“黏性”。

4S店兼具汽车售前、售中和售后的所有职能，无论客户在哪一过程出现问题，都可以在平台上向顾问提问，第一时间与专业的顾问进行沟通交流。如图5–19所示，进入车业务右上角的对话图标后，四类顾问可以提供不同的服务，他们分别是：销售顾问、售后客服、市场专员和维修专员。首次进入，客户根据自己的需要选择某类顾问中特定的一位，此时客户便与这位顾问绑定，此后每次遇到相同类型的问题，都可以直接向这个顾问提出问题。

对话页面还提供维修业务的在线支付和在线评价功能（图5–20）。客户接收顾问发来的付款指令，在查询确认好付款内容后即可在线支付。不但省去了携带大额现金的困扰，而且付款指令中详细的维修内容，也保证了顾客的“知情权”，实现信息的公开化。

图5-19　顾问选择列表

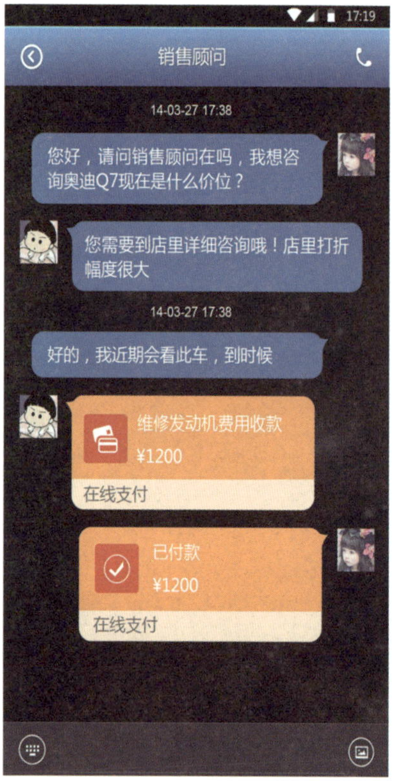

图5-20　“在线支付”界面

很多顾客在4S店业务员面前碍于面子，无法做出真实的评价。在线评价为匿名评价，确保了客户的隐私，并且避免了面对面评价的尴尬，保证了评价信息的真实有效性。“在线评价”截屏如图5-21所示。

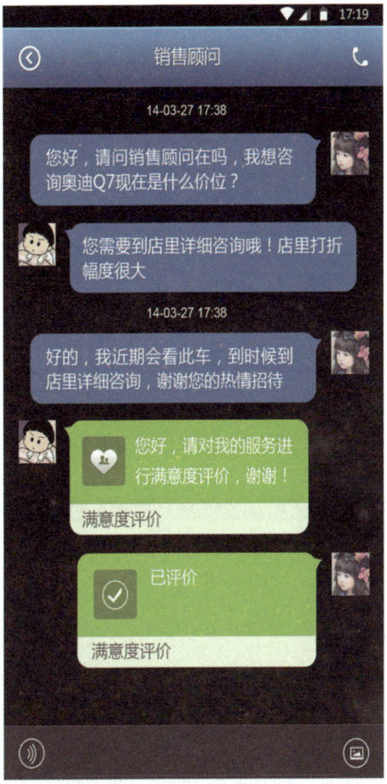

图5-21 “在线评价”界面

5.2.3 维修档案

汽车保养是指为了维护汽车正常使用状况、延长使用寿命而对汽车进行的定期清洁、补给、调整等预防性工作。在汽车使用过程中，随着行驶里程的增加以及驾驶时间的增长，各个零部件会逐渐出现耗损，加之不正确的驾驶习惯以及恶劣环境等因素的影响，汽车动力性慢慢下降，可靠性变差。此时如果不对汽车加以检查调整，将会存在重大的安全隐患。

但是目前消费者对汽车养护普遍存在着认知上的误区，即认为汽车保养属于奢侈性消费，汽车只需在出现故障时维修即可。殊不知，汽车保养的根本目的是保持和恢复汽车的使用性能，延长使用寿命，保证驾驶安全。由此可见，汽车保养是区别于汽车维修的保障汽车可靠性的前瞻性行为，应该是每位车主的必须性消费，而不是奢侈性消费。一旦汽车发生故障，需要送入4S店维修，实际上汽车已经一定程度上损坏，维修只是被动的补救行为，维修后汽车的性能不可能恢复到原有状态。而汽车保养则不同，一方面通过保养可以排除部分隐患，降低汽车故障率；另一方面，合理的保养可以延长汽车的寿命，尽可能保持汽车处于最佳的行驶状态。

但是汽车保养并不是越频繁越好，也不是毫无规律地随意性行为，天气条件、行驶里程等都是应该考虑的影响因素。有计划、有依据地采取不同的保养措施，制定合理的保养计划，才是汽车保养的关键所在。然而大多数顾客缺乏保养相关知识，没有能力制定全面详细的保养计划。针对这一问题，M4S平台提供了“保养周期表”功能，如图5-22所示。顾客只需要在客户端填写好自己车辆的里程数，系统便可以为其自动计算出一个最为合理的保养计划。并且无须顾客担心，系统会自动提示顾客保养的时间和保养的内容，实现顾客“保

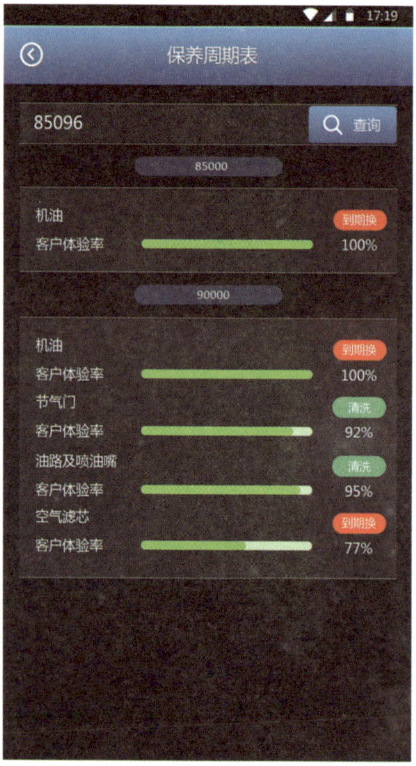

图5-22 “保养周期表”功能

养无忧”。

在维修保养档案中，车主可以自己输入里程数，选择项目，可以进一步输入文字帮助回忆，也可参照企业提供的维修单据，自己做出维修档案。

一些汽车服务企业可以根据 M4S 给出的标准接口，把自己的 ERP 和 CRM 快速简单对接起来，就可以自动地给车主提供该项服务。

5.2.4 个人中心

个人中心是客户端全面管理客户信息的模块，客户可以在此完善本人和所有车辆的详细信息。“个人中心”界面如图 5-23 所示。首次绑定车辆信息时，需进入“车辆管理”列表，点击“添加车辆”，输入车牌号、车型和购买日期，然后提交即可。必选项中的信息是保证客户客户端基本功能的实现，比如预约维修、紧急救援等；但是如果客户想要自动查询违章情况，实现诸如创建保养维修记录、预估非常规性耗材的更换时间、汽车金融保险等高级功能，还需要

图 5-23 “个人中心”界面

细化可选项中的内容。客户填写的内容越详细，系统可以计算的信息越准确，获得的服务也就越全面周到。此外，一个 M4S 客户端可以实现多辆汽车的管理，以应对越来越多的家庭购买多辆汽车的情况。当然，本系统也支持多账号绑定，也就是一辆汽车可以绑定在多个手机客户端，由多人共同管理。

随着物质生活的日益丰富，各行各业的商家推出了种类繁多的服务来迎合庞大的消费者。为了刺激消费，各式各样的会员卡、储值卡、打折卡、积分卡也层出不穷。越来越多的卡使客户管理困难，逐渐变成了客户的负担。

M4S 平台实现无卡化会员管理，储值卡、次卡、优惠券均为电子形式分类储存于会员个人中心的“我的钱包”中，如图 5-24 所示。系统还提供现金支付记录，记录客户在 4S 店所购买的商品，保障客户权益。储值卡余额及充值消费使用记录、次卡属性（发卡条件、使用情况）、优惠券属性（未使用、已使用、已转赠、已过期）等信息均显示在相应的列表中，方便顾客随时管理查询。对于会员属性，可以在后台设置；另外，对综合卡模式，可以通过储值卡、次卡、各种券来综合设置成消费卡。

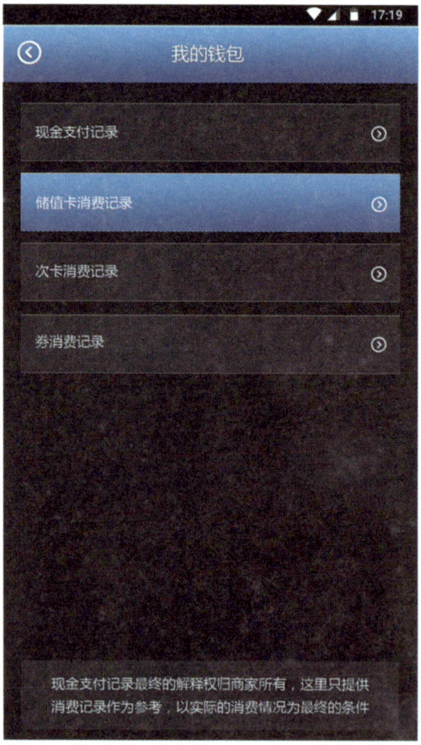

图 5-24 “我的钱包”界面

利用会员积分提升客户忠诚度是为广大线上线下企业所公认的会员管理方式。会员的日常积分记录存储于“我的积分”中供客户随时查看和使用。系统还可以分别记录会员用积分所换礼品的情况、参加活动的信息，以及预约维修信息和商品购买等详细信息。如何获得积分，可以由企业根据自己的实际情况在后台设置，自动积分、手动积分、消费积分等根据企业目的和任务自由配置积分方案。

如果购车时选用了贷款或者抵押质押方式，为了避免错过还款时间，合理安排开支，在“金融设置”里填写贷款金额、分期数等信息，系统可以在每月还款时间前自动提醒客户还款。

总之，个人中心是客户在 M4S 平台生活的记录，为客户的用车生活提供了很好的记录方式。

第6章　M4S顾问端设计

对于4S店来说，顾问是企业与客户联系的纽带。顾问与客户直接接触，既是各种问题的回答者，也是相关产品的推销者，又是各类故障的解决者。在帮助客户解决问题的过程中，其服务态度的好坏、判断故障的能力以及对行业产品的熟悉程度都会成为客户评价4S店最重要的参考因素。4S店的顾问按照其工作性质分为销售顾问、售后客服、市场专员和维修专员。客户的满意与忠诚一部分源于被提供的服务，一部分来自于对部分员工的情感依赖。因此，在当今社会，培养高质量的技术服务人员是提升顾客满意度忠诚度的重要环节之一，也是4S店核心竞争的软实力。

目前4S店的顾问具有以下特征：

1）服务意识淡薄。在4S店发展初期，产品需求量大，销售顾问不需要努力营销即可得到不错的业绩，甚至于大部分客户是自主上门要求购买的。在这种情况下，销售顾问的服务意识被淡化，难以适应现如今紧张的营销竞争。信息不对称的问题常见于各个4S店，曾经的技术顾问只需要面对车辆，动用各种检测仪器及修理工具排除故障，最后将结果简单地交给4S店处理即可，4S店负责与客户沟通所有的事项。这些技术人员未经过专业的培训，服务意识淡薄，也缺乏与客户沟通交流的技巧。

2）技术人员专业技能强，理论薄弱。目前就职于4S店的维修人员普遍学历较低，大都中学毕业后在外打工接触维修行业，经过长年累月的积累掌握了汽车维修技术。此部分人了解汽车各部分构造，凭借丰富的经验以及短时间的培训便可以解决市面上汽车出现的大部分故障。但受文化程度的影响，对于汽车理论知识知之甚少，在为客户解释故障原因时不能够说得透彻明白，难以给客户留下权威的印象。

3）自主性强，流动意愿强。顾问在某家4S店积累一定经验后，对待工作环境和工作条件逐渐苛刻。由于顾问自身拥有部分固定客户，而且经验丰富，一旦其他4S店或者类似服务业向其提供更好的条件，此部分人便极易流失。加之目前4S店优秀的顾问普遍缺乏，竞争激烈，带给优秀、技术精良的员工很多选择权，使得人员流动性很强。一家人员流动频繁的4S店，很难给客户带来安全感。客户缺乏安全感和信任感，满意度和忠诚度便无从谈起。

因此，若想提高客户满意度和忠诚度，除了秉承以客户为导向的服务理念以外，4S店员工的忠诚度和服务质量也至关重要。创造良好公平的竞争环境，营造和谐温馨的工作氛围，以及建立奖惩分明的赏罚制度是提高员工忠诚度的基本保障。

在M4S平台，消费者针对自身想要咨询的问题，合理选择顾问进行提问。所提出的问题会在被顾问的“提问答复”对话框中弹出，顾问即可与之在线交流，实时回复。

M4S顾问端对于技术顾问来说，犹如网络上的维修工具。好的工具是保障技术水平的前提条件，不但如此，工具不顺手不好用，还会直接影响员工的心情，引起服务质量降低等连带反应。因此，顾问端开发的核心目标是界面的友好度，以保证技术人员操作的流畅便捷。

6.1 M4S顾问端构架功能设计

6.1.1 顾问端功能构架

顾问端作为顾问日常办公的工具，既要流畅高效，确保不因系统原因占用员工过多时间，又要美观有趣，营造赏心悦目的网络工作环境，起到正面调动员工工作积极性的作用。顾问端的功能模块主要分为四大部分，如图6-1所示。

图6-1 功能构架图

1. 会员咨询回复

“会员咨询回复”是为客户解答疑问、与会员沟通交流的平台，只要网络信号良好，顾问登录界面便可以实现与会员的实时在线联系。大到行车过程中遇到的故障，小到汽车保养知识和配件品牌选择，顾问都可以在对话页面中为客户一一解答。客户通过快速及时的沟通渠道，得到高质量有效的信息反馈，逐渐产生对4S店的依赖感。

在持续的交流过程中，顾问运用自己的专业知识为会员答疑解惑，这种服务在短时间内常常看不到直接效益，好像成了免费的知识库，实则是顾问在建立情感账户，为客户之后的支出埋下伏笔。消费者在消费过程中常常依附于感情因素，顾问的有问必答逐渐与客户建立起了信赖的朋友关系，久而久之形成一种习惯，使他每当遇到车辆方面的问题时自然而然地寻求顾问的帮助，那么当客户需要维修保养时，自然会主动找到4S店。

不仅如此，顾问通过沟通联系，慢慢掌握客户的兴趣和需求，可以更有针对性地向其推荐店内相关的产品或者优惠活动，建立在信任基础上的营销，不但不会引起客户的反感，如果推销恰当，还会不断提高客户的忠诚度。

2. 客户管理

M4S顾问端不只是顾问与客户联系的平台，也是顾问进行客户管理的好帮手。顾问可以在“客户管理”的界面下建立会员通讯录，记录会员的电话，进行会员管理。此外，客户在4S店预约维修但未达到产生的“爽约次数”以及此客户所拥有的车辆数也会被自动记录在其详细资料中，顾问提问或者发送预约请求时，顾问可以参考详细记录的信息适度向其提供服务。比如，当多个客户同时预约同一时间维修时，对于一个经常爽约的客户，顾问可以适当拒绝他的预约，预留时间以安排较有信誉的客户。

一个通讯录相当于一个小型的客户数据库，建立客户数据库是普遍应用于企业内部的提高顾客忠诚度的有力手段。通过对客户的分析，可以对客户进行识别，即哪部分客户对品质的注重高于价格，哪部分客户服务要求少，满意度高，哪部分客户保养意识好等，从而可以有针对性地引导客户的消费。菲利普·科勒在《营销管理》中指出：吸引一个新会员所耗费的成本大约相当于保持一个现有客户的5倍。由此可见维系现有客户的重要性。因此，建立行之有效的客户管理机制，合理地管理客户，对于一个企业至关重要。

3. 业务处理

4S 店所提供的服务均由不同职责的顾问来完成，因此，顾问是服务的直接执行者，顾问的工作质量代表了 4S 店的业务水平。业务处理的及时性和有效性是影响客户满意度的重要因素。试想，如果客户在向顾问提出问题后，迟迟得不到答复，心里难免产生不满情绪，不利于客户满意度的提升。但如果顾问第一时间答复客户，但未能提供建设性意见或者有效的帮助，客户也会产生失落感，这种失落感会导致客户失去“黏性”，成为 4S 店的损失。而对于顾问来说，由于客户多，业务广，常常是多个客户同时提问，或者不同业务同时提出，遗漏遗忘在所难免。为了避免这种情况的发生，确保客户每个需求都得到解决，同时帮助顾问进行工作的分类整理工作，并适时提醒顾问还有哪些工作有待完成，“业务处理”模块应运而生。

此模块集为顾问所涉及的所有工作，每类工作设置有提醒图标：未处理的以红色数字显示于功能图标的右上侧；已处理业务也可以在右上角“√”处查看。此模块可以对顾问的工作量形成较为直观的梳理总结，成为顾问工作的“好助手”。

4. 个人中心

报酬公平感、竞争环境公平性是组成员工公平感的两大因素。报酬公平感，即合理的薪酬发放，是以按劳分配为原则，在基本薪资的基础上根据员工工作量、工作业绩等情况合理发放薪酬，使员工感到自己工资所得与劳动付出相匹配的直观感受。竞争环境公平性则是指员工能够得到平等竞争机会的工作环境。

个人中心的评价情况和赠送积分记录，可以统计员工所获得的评价情况和所赠送的积分信息。公开的统计，保证了员工获取信息的及时平等。而在薪金制定中，客户对其做出的评价是企业重要的参考因素，透明的统计保证了合理的薪金发放，从而保证了员工报酬公平感。

6.1.2 顾问端产品功能导航

扁平化是顾问端导航追求的核心目标，作为办公平台，顾问端操作性能的好坏，功能导航是否明晰，都会直接影响顾问的工作质量。因此，采用标签式导航，将顾问端四大模块平铺于页面底端，每个二级导航均采用列表式，以求直观高效。

对话与通讯录均可以进入聊天页面，在此页面除了与客户线上聊天以外，还可以进行客户信息记录、在线支付和满意度评价。

业务处理涵盖了顾问所能进行的全部业务的提醒，包括积分赠送、预约维修、紧急救援、透明车间和付款情况。

个人中心则包含对顾问个人信息的采集、生成个人二维码，以及客户满意度评价统计和赠送积分记录。

6.2 M4S顾问端主要功能

6.2.1 会员咨询服务

提问答复模块按时间顺序保留了最近与顾问交流的客户窗口，如图 6–2 所示。系统既支持语音交流，也支持文字交流。此外，通过聊天窗口，还可以实现付款、图片发送、满意度评价等功能，如图 6–3 所示。

图 6-2　近期会话记录

图 6-3　聊天窗口

当客户的车维修保养完成后，顾问只需要向其发送付款指令，输入相应的车牌号和所消费的金额，并选择消费类型，完善消费内容后，便可发送给车主。车主在接收付款信息后即可进行付款。清晰的消费内容可以保证客户明明白白消费，并且有据可依。当客户获得的信息大于客户心理预期时，满意度便得到提高。同时，满意度评价也可以通过对话框发送，评价为匿名评价。客户的评价结果是顾问衡量自己工作的参考依据。

6.2.2 客户管理

客户管理按照客户姓氏字母进行排序，如图 6–4 所示。点击客户姓名即可进入“提问答复”对话框与客户进行在线沟通。点击客户头像，则可以查看客户在本平台的会员级别，交易过程中爽约的次数和所保有的车辆信息如图 6–5 所示。

图 6-4 客户列表

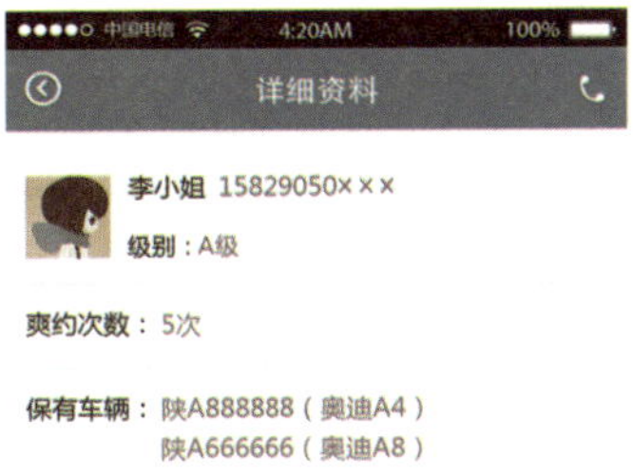

图 6-5 客户资料

6.2.3 业务处理

业务处理的主要作用是对顾问业务的统计与提醒，主要包括预约维修、透明车间、紧急救援和付款情况，如图 6–6 所示。顾问在确认客户上门维修后，在“预约维修”处进行确认。对于按照规定时间到达的客户，给予完成处理；不能按时到达而提前进行沟通的，可以给予撤销处理。业务处理类别列表如图 6–7 所示。

顾问在接收到客户发出的透明车间请求后，及时按照其车牌号找到车辆维修所处的车间及具体位置，并向客户发送视频，满足客户想要观看维修现场的要求。当客户行车过程中遇到紧急情况时，在客户端发出 SOS 请求，求助信息

图 6-6　业务处理类别列表

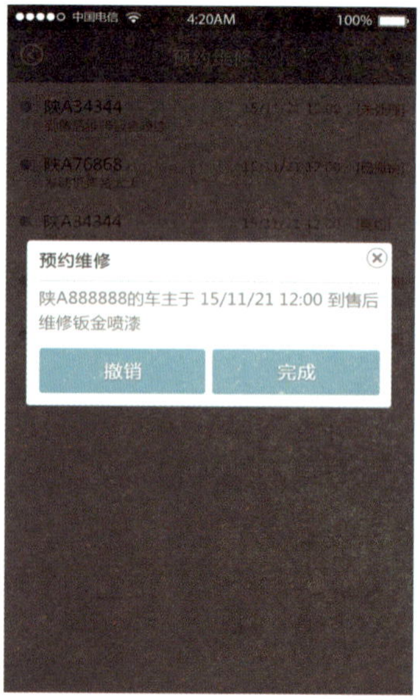

图 6-7　预约维修处理

按照客户之前绑定的顾问自动分配。顾问在接到求助信息后，根据故障内容，第一时间协助寻求最可靠的救援。顾问在发送付款指令后，客户未必可以及时接收付款。利用“付款情况”功能，顾问可以看到未完成的付款统计，进而根据这些信息进行适时提醒，保证 4S 店的资金能够正常运转。

6.2.4　个人中心

顾问自我管理的平台在“个人中心”模块。在此，顾问可以上传头像、手机号码、姓名等，以方便客户与自己取得联系。另外还可以设置密码，保护个人隐私，维护工作安全性。个人中心设置如图 6-8 所示。

客户满意度不只是企业衡量顾问工作的重要指标，也是顾问借以评价自己工作的最佳参考。对于同一个顾问，所有客户做出的评价会集中统计于“满意度评价”一栏。顾问点击进入，便可以看到自己获得的评价情况，如图 6-9 所示。满意度评价为匿名评价，一方面减小客户心理负担，营造更加舒适轻松的评价环境，有利于客户做出公正评价；另一方面，顾问只能看到评价内容而看不到具体评价客户，则可保证在今后的服务中，顾问仍能无差别地对待每一位客户。

所有积分赠送情况统计于“赠送积分记录”处，供顾问随时查看。顾问在与客户交易完成后，按照店内积分规则，在此处操作向客户赠送积分，如图

6-10 所示。通过积分记录的查看，顾问可以结合“客户管理”模块总结客户特征，计算客户维修频次，活动参与度等，实现更优的客户管理。

图 6-8 个人中心

图 6-9 满意度评价表

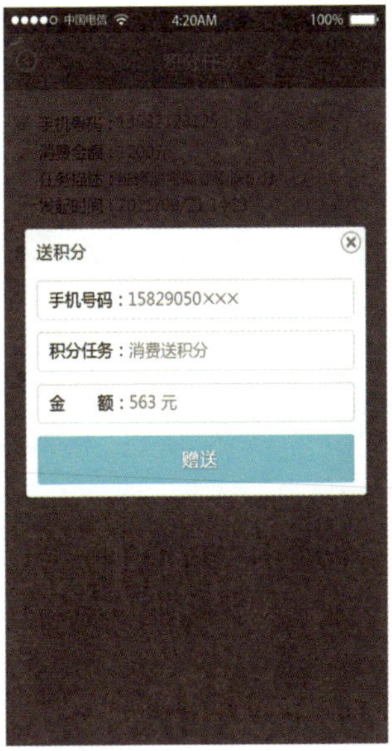

图 6-10 赠送积分

第7章　M4S后台管理系统设计

7.1　M4S后台管理系统功能设计

7.1.1　后台管理系统功能构架

企业的后台管理系统是 M4S 的重要组成部分，其功能设计既要考虑企业内部信息化管理的需求，又要结合移动互联网时代客户的消费需求。后台管理系统由权限管理系统、智能数据分析系统、会员顾问管理系统、电子商城管理系统、电子钱包管理系统和健康档案管理系统六大系统组成，如图 7-1 所示。

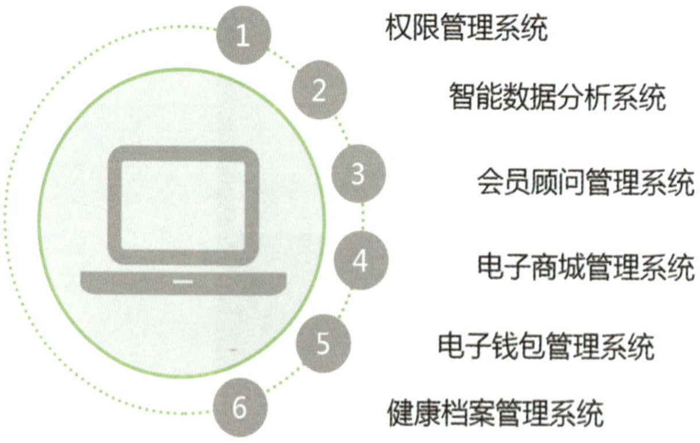

图 7-1　后台管理系统构架

1. 企业管理

伴随着以互联网为核心的科学技术的不断发展和企业改革的不断深化，企业的管理方式正朝向创新化和知识化方向行进。企业传统的信息管理已经不能够满足快速信息沟通的需要，并正在成为阻碍企业信息传达效率和决策水平的绊脚石。企业信息管理是企业以自身的管理思想为基础，利用先进的信息技术来管理和优化企业内部业务的流程。通过企业管理可以有效地配置员工、财务和其他资源，解决企业效率低下、业务流程割裂等问题，从而实现对企业的有效管理。企业的信息管理建设可以：

1）为企业带来经济效益。企业通过网络平台管理信息可以实现无纸化办公，节约了大量原材料费用。同时，实现企业信息管理可以精简企业机构，优化业务流程。精炼的机构和简洁的流程可以为企业节省大量的人力资源。企业的产品信息经过管理后可以为企业减少库存压力，缓解流动资金的占用。

2）创造更多的商机。企业在信息管理过程中，必不可少地需要通过互联网来宣传自己。加上微信、微博的兴起，企业需要更快地学习适应新产品，紧随时代的脚步。通过网页、公共主页等方式宣传，可以增强企业与外界的交流，加大宣传力度，获得更多的商机，是企业可持续发展的必要条件。

3）提高员工整体素质。企业若想实行专业化的信息管理，必须首先指定严格的企业规范和工作流程，并且对员工进行多次深度系统的培训，全方位地提高员工的职业化水平。此外，企业信息管理对于员工的计算机技术要求提高，员工需要学习掌握新的操作规范，摒弃陈旧的工作思维，全面适应到新的工作环境中来。

2. 业务管理

4S 店为顾客提供的服务均由员工一一完成，员工的工作态度与服务水平是客户对 4S 店评价的直接来源。因此，员工管理是业务管理的首要部分。如果想要员工对待工作认真负责，对待顾客主动热情，需要他们对 4S 店产生认同感和归属感，将 4S 店的品牌等同于自己的声誉，并且有着强烈的参与感，认识到自己的工作是 4S 店业绩不可或缺的重要组成部分。要让员工产生上述感情，企业一方面要营造良好的工作环境，适当给予人文关怀，让员工置身其中感受到集体的温暖；另一方面，没有压力就没有动力，在店内建立良性竞争的氛围，借助平台各项业务统计数据，制定合理的奖励政策，提高员工工作的积极性。

M4S 平台可以涵盖 4S 店的所有经营业务，每项业务单独存在于后台管理系统中。店内相关项目的负责人员通过系统，可以实现对业务的实时处理。利用本平台进行业务管理可以：

1）提高工作效率。4S 店工作种类多，业务量大，每个业务之间有一定的关联性。如果仍沿用以往陈旧的办公模式，信息传递缓慢且部门之间信息沟通相对闭塞，工作实效性差。比如曾在 4S 店购买过汽车的车主透露再次购车的意向时，销售人员需要向维修部门查阅以往该车的故障记录、保养记录，了解车主目前用车的烦恼；再向销售部门查阅该车主购买产品的记录，掌握其对产品的偏好。这样的查阅耗时耗力，而且信息不一定完整，极易造成客户流失。利用 M4S 平台进行业务管理，可实现无纸化办公，各部门信息在后台管理系统中共享。遇到上述问题时，销售人员可以在系统中查找到该客户在本 4S 店所有的交易记录，从而能够在短时间内掌握顾客的所有信息，节省了时间，提高了办公效率。

以前对于客户的维系，依靠彩页、电话、短信、微博、微信等，不能一对一自动进行人工客户服务，现在在后台对客户分层分级后，设置好，各种关爱联络就会自动推送到客户手机上，提高了客户维系效率。

2）节约人力成本和管理成本。4S 店的每项工作几乎都需要信息统计和维护，以备存储和查阅。这部分工作耗时长，工作量大，但是技术含量低，如果依靠人工完成，无形中提高了 4S 店的人力成本。而 M4S 后台管理系统可以自动记录每项业务的具体信息，4S 店只需要在平台简单地导出所需信息即可，精准可靠。同时，系统还支持顾问与车主面对面在线支付，4S 店无须雇佣收银员。这都为 4S 店减少了大量的人力成本。客户订购的配件到货、库房录入后，车主与顾问都会在手机上收到配件到货的提醒。

3）及时掌握各部门工作状况。4S 店高层管理人员通过系统可以随时掌握各个部门的工作情况，包括工作质量（客户对该部门满意度情况）、工作效率（部门对所负责业务的处理速度）和工作量（一段时间内业务总和）。通过了解，管理人员可以督促满意度低的部门改进服务质量，提升效率低下部门的工作效率，协调工作量不同的部门之间的人员流动，从而实现管理的科学化。

3. 会员管理

在4S店发展之初，由于国内汽车保有量低，民众购车需求量大，维修保养少，因此4S店将主要发展精力集中于汽车销售，对于销售之后的服务跟踪并不十分关注。同时，受当时科学技术发展的制约，4S店与客户的主要沟通方式为单向电话联系，工作形式单一，效率低下。随着近些年来中国经济的快速发展，人民生活水平迅速提高，越来越多的家庭购买了汽车，汽车销售量增长势头逐年减缓，市场趋向饱和，4S店的工作重点也由销售转向售后服务，服务的概念得到空前的重视。以往的4S店只注重产品营销，而忽视了客户管理。换言之，在销量激增的十几年中，顾客在购买完成后，4S店即认为此顾客不再有购买倾向，无暇顾及这些消费者在购买之后的维修保养和二次购车的潜在商机，会员管理更无从谈起。但在汽车后市场占主导的今天，这一做法显然影响4S店对顾客需求的把握，面对数量巨大又日趋理性的消费者，难以抓住客户心理，业绩提升也就难上加难。在会员管理方面，4S店主要存在以下问题：

1）顾客分析欠缺，数据流失严重，客户数据价值没有得到价值受益。以往的会员信息收集，只是简单机械地记录下客户资料，存储于数据库中，并不进行深入的客户分析。这使得会员数据库变成了简单的存储数据的仓库，大量信息积压，会员信息利用不充分，对4S店的价值不大，同时陈旧数据得不到重视，流失浪费情况严重。

会员信息得不到分析，4S店便无法掌握客户的心理需求和思维动向，对顾客不熟悉，便不能进行有效的沟通，更难以提供满足顾客心意的服务。

2）4S店不同部门之间信息隔断现象严重，各自为政，形成服务信息孤岛。4S店不同部门之间掌握着不同类型的客户信息，比如销售部门主要掌握潜在购车客户信息，维修部门主要拥有车主信息。但不同部门之间的客户也存在交叉，目前许多家庭已经开始购买第二辆甚至第三辆汽车。因此，在4S店维修的车主也可能成为店内销售部门的潜在客户。如果销售部门能够恰当把握车主的购车意愿，仔细分析客户的维修记录，了解他们对保养的偏好和对汽车性能的要求，便可以有针对性地向他们进行推销，成功率大为提高。可见，不同部门之间客户信息的交流分享对4S店来说极其重要。

如今，会员管理正向大数据管理倾斜，会员的每一条数据都有其存在的价值。如果拥有一个较为理想的会员管理平台，则通过此平台便可以深入了解会员情况，开展详细全面的分析。通过对数据的精确分析，就可以掌握顾客的心理动向和需求，结合客户消费特点，有针对性地调整店内业务导向，引领4S店迎接另一个商机的到来。综合分析会员管理，可以发现，会员管理平台需要具备以下特点：

1）节约时间，提高效率。4S店面对庞大的客户群体，首先要逐一分析客户个体特征，进而分类归纳，提炼出不同群体客户的共性和差异性，以及隐含的原因和影响因素。从而能够以此为指导，有针对性地提供出迎合顾客口味的服务。但是想要分析的结果有代表性，需要庞大的客户数据，如此繁杂的工作如果单靠人工完成，不但成本高，而且耗时长、实时性差，不能够适应迅速变化的市场发展。采用数据库和智能分析则可以满足4S店的这一需求。

2）留住原有客户，吸引潜在客户。我们知道：吸引一个新会员所耗费的成本大约相当于保持一个现有客户的5倍。可以看出，维系老顾客的“黏性”对于4S店尤为重要。汽车作为大件商品，保养周期长，损坏次数有限。如果4S店想仅仅依靠技术服务来维系客户，是无法维持客户在平台的活跃度的。4S店还需要充分利用平台的广阔性，多方位多角度拓展平台功能，不断添加新功能，始终吸引老客户的兴趣。同时，利用各种社交网络平台，充分发挥分享功能，借助老客户为媒介扩大影响范围，拓展客户群体，吸引潜在客户。

M4S的会员管理系统平主要提供三个方面内容供4S店拓展：

1）客户分析。所谓客户分析，在本文中是指4S店通过研究市场对其服务的实际需求，找出现实顾客和潜在顾客，总结出市场的发展规律和发展趋势，并了解顾客期望，掌握顾客心理的分析行为。4S店通过客户分析可以明确宗旨，从而制定合理的发展战略，还可以根据分析结果，确定目标市场，有效配置市场，实施正确的市场战略。

对顾客进行客户分析的核心目的是挖掘忠诚度高的有价值客户。根据帕累托法则可知，“80%的利润来自20%的客户”。这20%的客户就是4S店的高价值客户。因此，高价值客户的满意度是4S店服务工作的重心。值得注意的是，客户价值不是恒定不变的，通过客户分析还可以准确预测客户价值的变化，从而开拓客户尤其是高价值客户的导向路径，为其提供个性化服务和专属营销策略，以赢得顾客更多的信任和更高的满意度。

对客户的分析主要针对两大主题：

① 顾客盈利性：顾客盈利性是指顾客在与4S店交易的过程中，所支付的

代价减去成本后，为 4S 店来带净利润的能力。帕累托法则告诉我们，企业大部分利润来自小部分客户。从中可以看出，有部分顾客是零盈利甚至负盈利顾客。通过盈利性分析，确定店内最有价值的盈利性顾客，可以为 4S 店明确服务目标和调整企业决策提供有价值的参考。

② 顾客满意度：4S 店的服务重点是提高最有价值的盈利性顾客的满意度，维护这部分顾客的忠诚度，但是并不能完全忽略无盈利和负盈利顾客。这是因为，无论是市场的导向还是顾客的价值都是阶段性变化的，曾经的负盈利客户也可能成为 4S 店未来最有价值的客户。因此，4S 店切忌目光短浅，应将优质的服务尽可能地覆盖到广大客户群，以防客户流失。

M4S 的后台管理能够自动保存客户交易记录。系统为 4S 店提供了大量翔实有效的数据以满足对各方面客户分析的需要。同时，平台也能自动完成部分数据的统计和分析，4S 店可以登录平台直接读取结果，为客户分析打下了很好的基础。

2）活动管理。会员管理的最终目标是实现顾客忠诚。一个消费者可以成为多家 4S 店的会员，但是成为会员并不意味着他已经是忠实的顾客了，同样，会员的数量也不等同于潜在顾客的数量。4S 店需要付出长足的努力，让会员认可店内文化，调动会员积极性，将普通会员变为忠诚顾客。但是，为了提高忠诚度，4S 店常常走入价格战的误区，其实价格的优惠并不是多多益善。美国著名行为学家弗雷德里克·赫茨伯格曾说：“价格对于消费者来讲，属于保健因素，如果经常性地进行刺激会使其边际效益逐渐减弱”。因此，开展丰富多彩的活动，将顾客组成更为亲密的团体，是 4S 店实现顾客“黏性”管理的最佳手段之一。

M4S 的活动管理功能为 4S 店提供了广阔的平台，4S 店策划丰富多彩的活动都可以发布在后台管理系统中。发布后，客户即可在自己的客户端进行查看，报名参加感兴趣的活动。由于这些顾客在一定程度上有着共同的兴趣爱好或者相似的消费经历，经过几次活动的参与后，同伴变成朋友，久而久之，对 4S 店产生归属感，自此，固定客户群形成。

3）积分管理。积分管理是 M4S 平台客户管理的另一个模块，也是目前广泛被各大企业接受的提升客户忠诚度管理的方式。会员积分管理是利用加大客户的转移成本来维护顾客忠诚。所谓转移成本，在本文中是指消费者在消费过程中从一家 4S 店转移到另一家 4S 店过渡所产生的花费。事实上，过渡所产生的花费不仅包括经济上的费用，也包括从熟知一个品牌到寻找、了解另一个品牌所用的时间和精力上的花费，以及与原本4S店员工之间感情的损失。适当提高转换成本，可以削弱竞争对手的吸引力。但是提出转换成本的前提是自身的产品和服务与竞争对手相匹敌，也就是建立在一定的顾客满意度的基础上，顾客才会关注自己的转换成本。

会员积分管理是指4S店为会员在本店产生的消费行为或者推荐行为赠予积分，并根据积分额度，提供不同等级的奖励的过程。积分管理的目的依旧是培养顾客忠诚度，增强顾客“黏性”。会员积分也同样是依靠4S店在同等竞争水平下所采用的会员管理方式。

积分管理中，兑换的奖励能否引力十足、合乎顾客心意，是积分管理成败的关键因素之一。如果4S店准备的礼品别出心裁不落俗套，能够引起顾客的兴趣，并且所需要的积分在顾客可努力获取的范围内，顾客就会主动地通过平台提供的方式获得积分。事实上，顾客所得积分越高，在考虑更换品牌时，内心估算的转移成本就越高，积分对客户的捆绑力就越强，客户“黏度”就越高。

顾客在4S店获得的积分由系统记录于“积分管理”中，顾客可随时查看自己的积分。在每次消费之后，4S店会赠予顾客相应的积分作为回馈，顾客也可以通过活动分享、积分转赠等方式获得积分，所有与积分相关的交易记录都存储于此。

7.1.2 后台管理系统功能导航

4S店定制的客户端所涵盖的全部业务均由专门人员在后台管理系统中进行管理。不同的业务由不同的部门承担，因此，在后台管理系统功能导航的设计中，直观、简洁、高效是设计的第一准则。业务功能虽然不同，但是没有先后主次之分，都是4S店为顾客提供服务的不可缺少的组成部分。因此，在后台管理系统中，采用列表式导航，如图7-2所示。列表式导航将所有功能一一展示，每个功能又按其所属的模块（企业管理、业务管理、会员管理）集中分布。

鉴于后台管理系统是4S店集中办公的平台，大部分登录系统的员工只承担其中某一个特定功能的管理，因此，简洁的界面显得尤为重要。列表式导航使员工一登录系统便能立刻找到自己负责的模块，从而迅速进入工作状态。二级导航也是列表式，操作简单，大大提高了办公效率。

图 7-2　后台管理系统界面风格

7.2　M4S后台管理系统主要功能

7.2.1　企业管理系统

1. 企业基本信息管理

企业将二维码、各部门电话以及具体地址等信息发布在后台管理系统，客户端相应的位置即自动显示这些信息，方便顾客查阅使用（图 7-3）。比如“紧急救援”中的救援电话、“轮生活”中的部门电话、“软件分享”中的信息，均为企业在后台管理系统中所设置的相应内容。除此之外，企业对同盟店在 M4S 平台的管理也在“企业基本信息管理”模块中完成。M4S 是一个集汽车保养维修与车主日常生活为一体的多功能综合性服务平台，平台提供的服务涉及客户生活的方方面面。因此，M4S 平台不仅包含 4S 店的所有功能，也需要各行各业的同盟商不断地提供面面俱到的服务。

图 7-3　企业 APP 二维码

4S 店在 APP 生成之初，应该客观地分析市场导向和消费者需求，确定客户端的详细功能。术业有专攻，一家 4S 店不可能提供所有业务，因此需要按照预期规划的功能寻找信誉高、服务好的商家结成同盟。4S 店所有同盟店的信息，都将被统一录入至后台管理系统中，由 4S 店业务人员统一协调管理。伴随着新兴行业和优秀商家的不断涌现，4S 店也可以随时添加同盟店。当然，如果发生令消费者不满的交易事故，4S 店也可以取消与某些同盟店的合作，确保消费者享受最优质的服务。这些修改只需要在后台管理系统的“同盟店管理”版块进行简单的几步操作即可完成，并不占用太多的工作时间，而且实时性好的客户端也会令顾客更为满意。

2. APP 配置

作为一个集众多功能于一体的汽车综合性服务平台，M4S 最大的优势在于可以根据 4S 店的需要，快速高效地为其定制个性化 APP。也就是说，每个 4S 店只需要在后台管理系统上进行几步简单的操作，就可以生成与众不同独具特色的专属 APP。APP 的频道个数和每个频道的内容均可以专门定制，也就是 4S 店可以自行决定自己的 APP 分为几个模块，每个部分涵盖哪几类功能，以及每个功能的名称、图标等细节，如图 7–4 所示。当 4S 店构思好想要生成的 APP 后，只需要在“生成应用”处点击“添加”，即可一键生成其专属的客户端。随着店内业务的流动、信息的变化以及消费者喜好的改变，客户端也可以随时做出相应的调整，不但操作简单，而且能够紧跟消费者步伐，是 4S 店维持吸引力的有力工具。

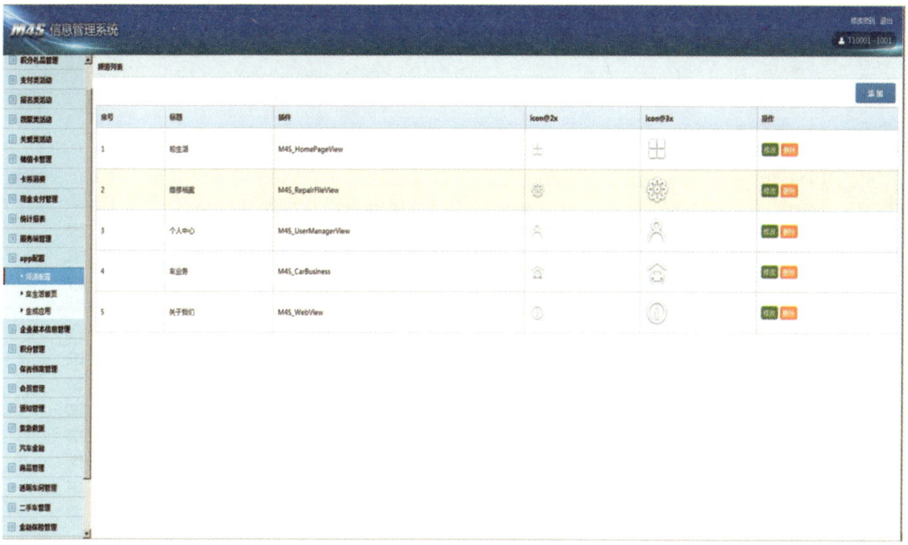

图 7-4 APP 功能配置图

7.2.2 业务管理系统

1. 顾问管理（服务端信息管理）

4S 店对于顾问的管理可以借助“服务端信息管理”工具完成。在这里，根据顾问的姓名、电话、所属部门等基本信息建立顾问信息库，实现对顾问人员的统一管理。借助“顾问信息管理”功能，4S 店可以将店内最新的信息及时推送给顾问，保证顾问可以随时随地了解店内最新动态和业务动向，时刻保持信息的“时效性”。

同时，在系统内还可以看到与每个顾问捆绑的客户信息，顾问推荐客户的个数，还有顾问收到的评价情况等。这些数据公开透明，可以在系统内随时查询，作为 4S 店衡量顾问工作业绩的重要参考，有利于建立良性的竞争环境，也在顾问的工作中起监督指导作用。

2. 保养档案管理

“保养设置”中上传的保养信息显示在客户端的保养周期表中，如图 7–5 所示。由于长时间的信息不对称会引起的虚假欺骗行为，使消费者在面对 4S 店的推荐时始终持怀疑态度。所谓“一朝被蛇咬，十年怕井绳”，仅凭业务人员的服务态度和 4S 店单方面的保证，在短时间内难以扭转顾客的看法，但是拥有共同利益的群体的选择却具有极强的说服力。因此，在“保养设置”中增加了“客户体验率”一项，向顾客展示其他顾客在遇到相同情况时的选择，给顾客最贴心的参考。

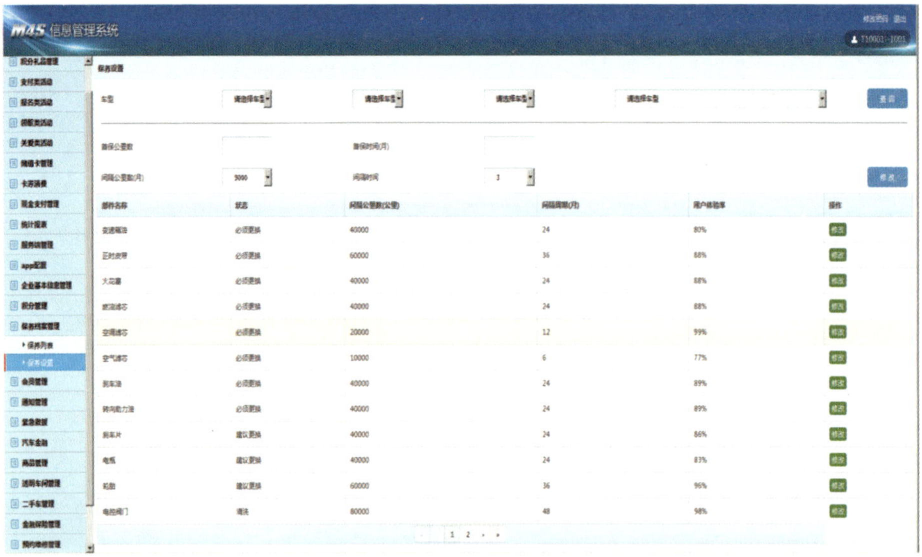

图 7-5　保养档案管理

以变速器油为例，如果系统提示顾客行驶里程已经超过 40000 千米，应该及时更换变速器油，而且更换状态为“必须更换”。此时，对于大部分非专业的消费者来说，40000 千米与 50000 千米只是单纯的数字概念，加之缺乏专业的保养知识，很难意识到更换变速器油的紧迫性。因此，如果提醒其“必须更换”，则对顾客来说更像是强制性的，难免引起顾客的反感心理。但是如果在提示信息里添加“其他顾客选择”一栏，比如有 97% 的顾客在面对这一问题时选择更换机油，那么不但顾客不会感到厌烦，相反，还会因为系统及时的提醒而增加对 4S 店的好感和信任。

3. 紧急救援

顾客遇到紧急故障发出求救后，由顾问第一时间联系救援，协助解决故障。顾问可以在顾问端看到求救的详细信息，也可以通过后台管理系统解决处理。如果发现长时间没有处理的救援，4S 店还可以督促顾问，以免顾问遗漏求救信息，造成顾客长时间的等待。

4. 汽车金融保险管理

金融保险管理主要是对客户贷款购车的记录。

5. 商品管理

商品售卖作为 4S 店的关联性业务，应该尽可能少地占用店内运转资金。但是汽车零部件自身价格昂贵，如果货品销售不畅积压严重，必然会影响 4S 店资金周转，甚至阻碍公司正常运营。信息来源慢是货物积存的主要原因，利用 M4S 平台，将商品网络化管理，可以从根本上解决商城信息来源不及时、不准确的问题。通过在线交易实时统计商品交易情况，对商品数量严格把控，可以实现货物不积压、不紧缺的健康运营状态。

作为汽车服务业的多功能平台，M4S 同时也兼具销售功能，所销售商品的分类、定价、折扣、发放等情况的操作位于“商品管理”部分，如图 7–6 所示。如果在某类型商品上再预加一些导向性信息，则可能会在 4S 店掀起一波购买潮。此时，如果商品质量上乘，消费者购物满意，那么对于 4S 店的信任会大为提升。因此，4S 店不能仅仅把商品当作推销的对象，更是提升顾客忠诚度的工具。在充分利用好“爆款商品管理”和“推荐商品管理”的同时，严格把控商品质量，维护 4S 店信誉。

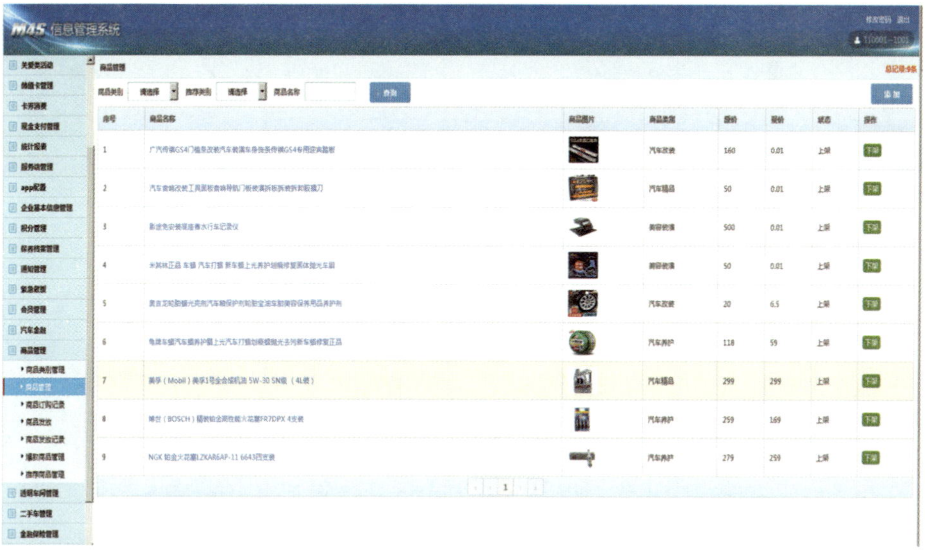

图 7-6　商品管理

6. 透明车间管理

客户发起“透明车间”视频请求后，顾问负责第一时间找到相应车辆所在区域，并且向顾客传送维修视频。后台管理系统的“设备管理”处记录了车间每个区域所对应的视频设备，方便 4S 店统一管理调度。在“观看视频记录”中记录了客户观看视频的信息，如果某位客户观看频率较高且每次时间较长，则表明他对 4S 店缺乏信任感。4S 店应结合该客户在平台上业务的交易记录，寻找问题症结，及时与其沟通，提高客户的“安全感”。

7. 二手车管理

客户在向系统提交二手车售卖申请后，相关信息便在后台管理系统显示。4S 店收到售卖申请后，聘请专业人士对客户提交的二手车信息进行审核和评估。如果信息中存在不合理或者虚假情况，4S 店会及时与客户沟通交流，修改或者驳回其申请。如果专家审核通过，那么 4S 店便可以按照客户提供的详细信息，将此车的照片、车况等在“二手车列表”一栏中进行详细描述，进而将该车上架售卖，如图 7–7 所示。

图 7–7　二手车管理

经过专业人士甄别的二手车信息，为顾客提供了高质量有保障的参考。建立在与平台绑定的客户出售，以及专业人士认真核实基础上的 M4S 二手车平台，避免了市面上二手车鱼目混珠、参差不齐的问题，还顾客一个洁净可靠的交易环境。

8. 预约维修管理

如图 7–8 所示，顾客的预约维修请求发出后，4S 店即可在“预约维修管理”列表中查看详细信息。根据顾客所填写的预约时间和维修内容，4S 店应在第一时间与顾客沟通联系。如果 4S 店在顾客期望时间内没有班次可分配，或者与此维修相关的零部件短时间内难以准备充分，4S 店可以驳回顾客请求，否则接受预约。无论预约成功与否，在预约“已审核预约管理”记录所有预约信息，供双方查证。4S 店也可以详细分析这部分信息以制定合理的业务计划，比如维修率较高的故障和车型信息可以作为 4S 店配备零部件的参考。另外，哪部分消费者喜欢使用预约维修功能，说明此部分消费者时间成本高、平台使用率高，可以有针对性地提供服务；如果某位顾客短时间内维修了类似故障，则说明维修效果不明显，应及时查明是维修技师修理水平的问题还是零部件质量的原因。

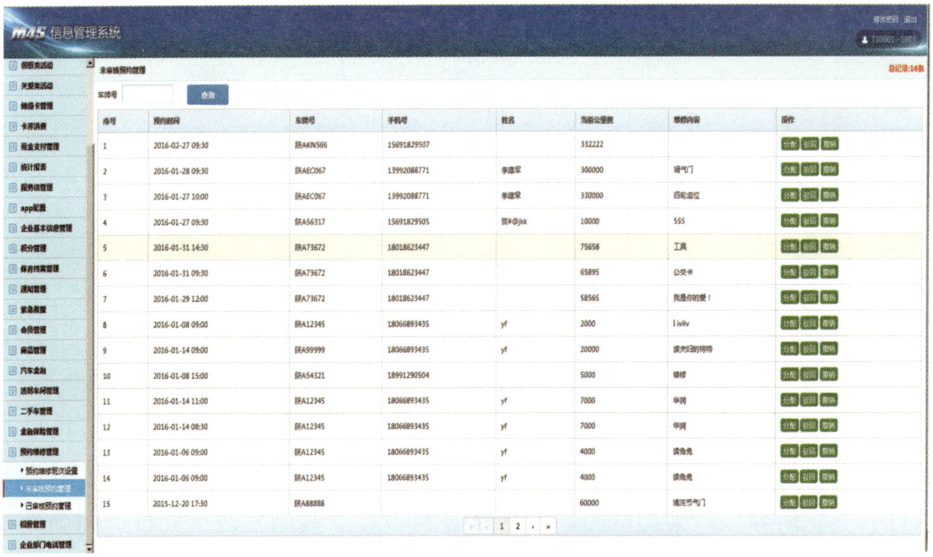

图 7-8　预约维修管理

7.2.3　会员管理系统

1. 会员积分管理系统

1）积分管理。积分的后台赠予及积分规则的发布在“积分管理”一栏中进行操作。积分管理最为重要的应属其准确性，顾客在获取积分的过程中，对于某类积分活动赠予积分的数量异议很少，也就是基本不会质疑积分规则的制定。但如果发生由于后台的失误未赠予或者少赠予顾客积分的情况，顾客一旦察觉，满意度就会大为降低。因此，在后台积分管理中，应仔细操作，认真审核。如图 7-9 所示，如果是自动积分任务，即会员进行某项操作后系统自行按一定比例赠送积分，则 4S 店需要在“自动积分任务”处进行积分的任务发布，包括具体分数、说明等信息。如果赠送的积分属于针对一小部分顾客的特定活动，则需要在“手动积分”任务处进行编辑和发布。所制定的积分规则统一在“积分规则”处发布。

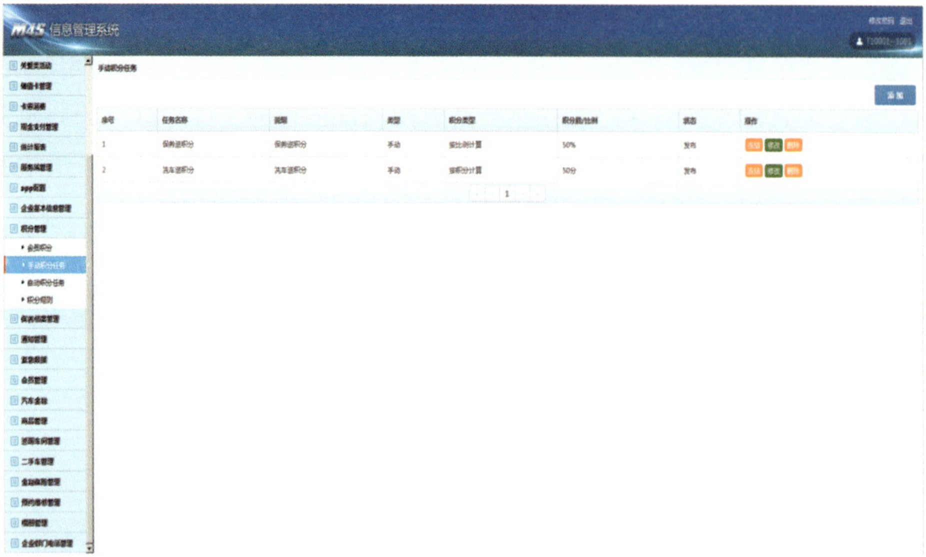

图 7-9　会员积分任务

2）积分礼品管理。礼品管理相当于一个电子仓库，4S 店可以在此处添加 / 删除礼品，设定兑换积分，进行补货、下架管理。所有管理记录均以表格形式展现，方便查阅。除此之外，系统还可以自动统计出每位兑换礼品顾客的详细信息和兑换内容。作为会员回馈，4S 店还可以在“礼品发放”处批量向会员发放礼品。在减轻了礼品管理人员负担的同时，顾客兑换的礼物也能够体现出顾客的兴趣与喜好，积分兑换次数体现了顾客的消费能力和在平台的活跃程度，为会员数据分析提供了有效信息。

2. 会员消费管理系统

会员消费管理系统包括储值卡管理、卡券消费和现金支付三大部分。

现如今市场竞争日趋激烈，各行各业为了吸引顾客，纷纷推出了种类繁多且功能各异的消费卡、积分卡、储值卡。随着消费的增长，一个消费者手中常常拥有几十张卡券，这些数量庞杂的卡券虽然给消费者带来了一定的实惠，但管理起来也相当耗时，无形中增加了许多负担。无卡化管理是建立在快速发展的电子商务的基础上的电子卡券管理。商家将赠予消费者的卡券记录在自己发布的客户端平台上，顾客在消费过程中，电子卡券的优惠可以在付款时自动显示。如果遇到多个卡券优惠相冲突时，顾客也可以自行选择理想的优惠方式。电子卡券管理系统将实际的卡券电子化，一方面为顾客节省了管理时间，避免了与优惠擦肩而过；另一方面在卡券消费处，可以看到发放领取使用情况、卡券消费记录，详细信息包括有效期、余额等。顾客在 4S 店所进行的现金交易也备份在后台管理系统中，供 4S 店参考查阅。消费者在 M4S 平台的消费记录是顾客消费行为分析和客户心理分析的最好材料。

3. 会员活动管理系统

会员活动管理主要包括四大类活动：支付类活动、报名类活动、领取类活动和关爱类活动（图 7–10）。活动的发布和统计都在此进行。如果活动需要卡券，也是在这里制作。活动管理看似简单实，则风险最大。某项活动的推出起初可能参与量很少，但即使顾客没有积极参与，活动依然要精益求精，任何变动都需要第一时间通知客户，否则会引起顾客反感情绪。如果顾客在参与过程中发生了不愉快的经历，会加深他们对于 4S 店的不信任感，使得事情适得其反。

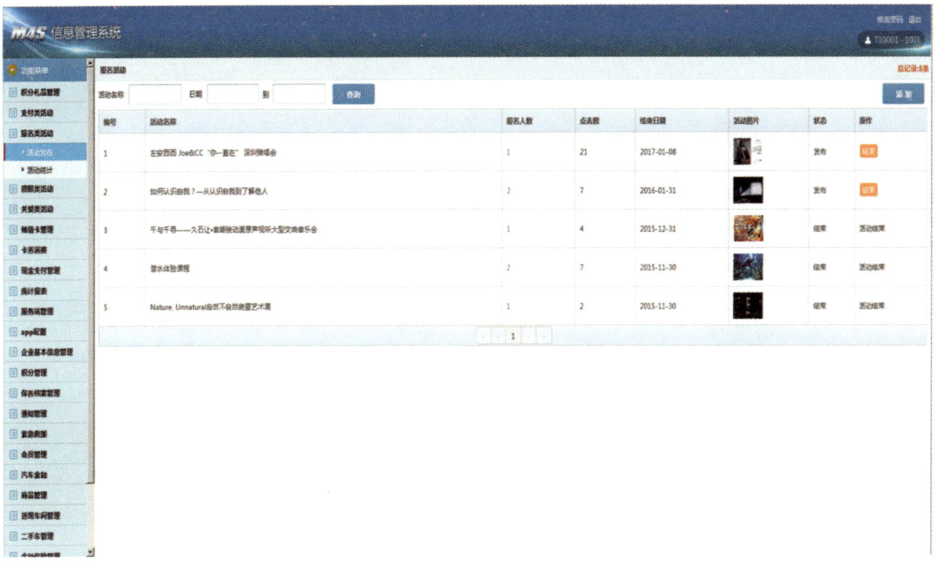

图 7-10　会员活动管理

4. 会员统计管理

会员统计管理是将会员对本平台的生活数据进行分析，从数据中得到隐含的、有效的、有潜在价值的信息。4S 店在后台管理系统中的统计包括统计报表和会员管理。

“统计报表”中的客户新增量统计是用来计算每个月份新增客户个数。新增情况以曲线形式表示在曲线图中。此外，还可以进行相邻月份客户新增量比较以及与往年同期客户新增量的比较。同时，各个部门对于平台的推广状况可以显示在饼状图中，此类推广的统计有利于在 4S 店内部形成良性竞争压力，提高员工积极性。另外，客户上线量统计、救援统计、活动统计等数据，都可以直接导出为报表，供相关部门进行绩效参考和业务改进。

“会员管理”则主要侧重于对会员在本平台参与度的具体记录。通过分析他们自身拥有车辆情况、在平台的级别以及现金交易和各种卡券交易的记录，可以给4S店提供业务上的参考，确定哪些是重点客户、哪些是喜好优惠活动的客户等。

通过这些数据，4S店可以随时掌握顾客的购买动向，制定出合理的业务计划，适时调整业务方向。

第8章　M4S实施方案及其应用效果

8.1　M4S实施方案

8.1.1　M4S 适用环境

M4S 的适用环境见表 8-1。

表8-1　M4S的适用环境

	适用环境	
手机端	Android	4.0及以上版本的所有主流机型
	IOS	7.0及以上版本的所有机型
PC管理端	各大主流浏览器，如360、火狐、谷歌、QQ、IE9以上版本等	

8.1.2　M4S 基本实施方案

M4S 系统利用最先进的移动互联网技术，采用移动互联网手机作为终端，依靠云服务平台，来为汽车 4S 店的客户进行服务。M4S 是专门为汽车服务企业打造的移动互联网平台，使用前，企业应该做好如下准备工作：

1）成立项目组。M4S 系统借助网络平台实现 4S 店的在线运营，需线上线下协同合作，业务范围广，对人员要求高。因此，在运营之初，应首先成立一个专门的项目组，以保证业务的正常运转。项目组成员应该包含项目主管、线上运营人员和线下运营人员三部分。

2）对员工进行角色定位。4S 店若要为顾客提供最及时最专业的服务，就应该明确每一位员工的具体职责，这样在顾客提出需求时，员工就会顺理成章地承担起自己所负责的工作，各司其职，4S店的业务才能够井然有序地开展。

3）申请开通功能。M4S所支持的许多功能需要4S店向第三方商家申请开通，如支付功能、推送功能、地图定位功能、分享功能等。

4）制定标准和计划。线上运营与线下运营相同，也需要详细的标准和合理的计划。在M4S实施过程中，应该事先确定诸如会员级别标准、积分标准、推广计划等基本规则，为平台的运营打下坚实的基础。

5）开展培训。M4S对汽车后服务市场来说是一个全新的概念，在运营之初，需要对全体员工进行上线前的深入运营培训，确保员工对于M4S的理念理解透彻深刻，从而能够更好地执行和推动业务的发展。同时，汽车企业如果不加以推广，仅仅想依靠车主主动安装软件，自主学习使用并不现实，4S店应该积极地向客户提供线下邀约安装的培训，提高客户的安装使用率。

6）维护企业信息。企业需要在后台管理系统中完善企业信息，例如：企业所在地址、各个部门的电话、客户经理的信息、商城的商品介绍、积分礼品等，保证线上业务正常运作。

7）产品调试。在APP生成之后，还需要多次的产品调试和人工测试，确保客户端功能无误后，即可进行发布。

M4S的操作过程自动化程度很高，大量的工作由计算机独立完成，企业只需要投入少量的线上运营人员便可以操作整个系统。因此，M4S的出现为更多的汽车服务企业提供了快速便捷服务的途径。

M4S系统在不改变汽车维修服务企业现有的工作节奏的前提下，能够帮助企业获得更多的车主资源和更大的利润收益。被邀约来店的车主通过注册本企业的APP，建立起与企业沟通的渠道，企业线上运营人员利用移动互联网的特性，组织各类的线上活动和产品促销，吸引客户经常性地与企业发生直接或者间接的接触和沟通，让企业提供的服务始终贯穿于车主的生活中。同时，汽车服务企业不需增加线下人员的工作量，只要维持目前的运营现状，做好线下客户服务工作，借助线上平台的各种功能就可以很好地维系客户。

8.1.3 M4S个性化的解决方案

考虑到企业竞争和车主个体差异的存在，需要满足更多企业和车主的个性化需求。M4S平台提供个性化方案的定制，其中客户端和企业后台管理系统都可以根据不同的市场需求分别制定符合自身实际的个性化方案。

客户端的个性化定制：M4S平台可以提供种类丰富的功能模块，在平台成熟的构架中，企业可以根据自身的定位和对客户需求的了解，有选择地增添各类功能模块，开发适合于企业特征的个性化APP。在APP生成以后，随着市场导向的变化，企业仍可以在原有构架的基础上对其功能进行适当修改，操作简单，且不需要另行开发。

后台管理系统的个性化定制：M4S的后台管理系统支持企业的独立运营服务，如果汽车经销商集团或者汽车维修连锁机构需要团结协作，步调统一，平台也可以根据实际情况开发集团版本的后台管理系统。集团版后台管理系统将功能模块整合，不会增加过多的工作量，因此只需要一组线上人员即可负责整个集团线上平台的维护，节约人力成本的同时，既实现了全集团步调统一，又满足了集团下辖各店的个性化需求。

8.2 M4S推广应用效果

M4S自推出以来，已被西安荣宝宝马4S店、武汉东峻车业风神汽车4S店、天门东峻风行风神汽车4S店、昆明东峻风神汽车4S店、广州君奥奥迪等100多家4S店选用，范围遍及全国20个省市自治区。客户从汽车集团到4S店，从汽车服务连锁机构到小的维修点，覆盖范围大，受众人员广。从实际执行到位的企业来看，使用M4S后企业与客户的互动提高了2倍以上，转介率可以达到80%以上。实际应用说明：M4S能够很好地维系客户，提高转介率，有效减少了人工及沟通成本。

8.2.1 M4S推广应用情况

对企业客户量以及客户保有量影响最大的因素就是平台线下的推广力度。在线下推广的过程中，主要分为三个阶段，结合某企业实际推广情况来看，三个阶段客户保有量的增长具有一定的规律性。

第一阶段，产品认识初期。此时企业向客户初次介绍产品，由于客户对产品的理念和功能处于懵懂阶段，需要详细介绍和耐心讲解。此阶段耗时长，企业每周安装注册量约为300左右。

第二阶段，快速增长期。此阶段客户端安装量可以达到客户保有量的80%

以上（在一年内）。

第三阶段，缓慢增长期。当客户端覆盖企业的大部分顾客后，安装速度逐渐放缓，企业进入稳定的客户增长期。

安装率的增加并不足以说明 M4S 平台能够为企业拉动客户量，下面从下述几个方面具体分析 M4S 使用前后为企业带来的效果。

1）车主回头率提高。传统上定义的客户回头率是客户再次来店的频率，但是基于 4S 店业务的特殊性，汽车作为大宗货物，出现故障的情况有限，客户再次来店的频率注定较低。如果仍旧沿用传统的顾客回头率，显然无法衡量车主的回头率。在此，定义 4S 店回头率的标准是车主使用企业客户端的频率，即线上活跃度。

从后台管理系统的统计数据可以看出，目前客户对 APP 的日访问量可以达到客户端安装总数的 62%。如此高的访问量不仅因为客户端为客户提供了专业的技术服务，也因为 4S 店丰富多彩的活动的推出和各种第三方运营商的加入，使 APP 成为车主日常出行的生活指南和娱乐工具。同时，经过 4S 店的努力，在微信公众账号不断推送有价值的信息，访问量也日渐增多。如果车主经常关注企业的动向，无论是消费或者访问都代表了车主对企业存在兴趣和抱有好感。高频次的沟通交流，在无形中把企业种进车主的心里，车主下次消费时企业就变成了车主的首选。

2）客户黏度增强。以往在宝马 4S 店邀约车主参加活动时，需要安排十多人的电话团队逐一联系邀请车主。电话沟通时间短，时间固定，无法详细描述活动的具体情况，所以往往花费很大人力成本却难以邀请到车主。在接触 M4S 平台以后，4S 店将活动信息图文并茂地发布在客户端。客户选择在自己的闲暇时间进行浏览报名，常常在活动报名截止日期前 3 天不得不紧急叫停，因为报名人数已经远远超过了活动所需人数，车主对参与活动的热情极为高涨。

3）信息到达率提升。M4S 所独有的移动互联网的特性，帮助企业快速传达信息，保证所传递的信息能够百分之百地到达客户端。信息由企业经后台管理系统发布后，所有安装客户端的客户短时间内均可收到。信息传播之快，受众之广是传统电视、广播、报纸等媒体无法企及的。此外 M4S 的投放费用几乎为零，广告成本大为节约。

4）客户范围扩大。在 M4S 平台，企业发送的各种优惠活动或者免费的服务，以及车主用不完的礼品券或者代金券都可以转介或者转赠给自己的朋友，通过 M4S 平台进行车主转介的成本很低。曾有一家客户不足 1000 人的小企业，在选择 M4S 以后，短短的 7 个月时间，把客户群体壮大到了接近 5000 人。能如此快速地扩大客户量，与企业高明的推广方案密不可分。此企业在每次的线上推广活动中都明确地传递给车主一个信息：只要车主将此次活动分享到自己的朋友圈中，系统就会自动赠送给这个车主相当丰厚的积分，车主可以用积分兑换各种各样的礼品，甚至可以兑换到免费保养的机会。就这样，利用 M4S 客户介绍客户的方式，迅速扩大了客户群体。

5）改变营业额分配比例。M4S 能够帮助汽车服务企业提高工作效率，节约企业运营成本。在陕西一家奥迪店，原有的付款方式为：车主的车辆维修完成后，由客服人员带领客户去财务处进行交款，付款完成后顾客又要回到前台进行车辆交接。自从引进 M4S 平台后，车主在前台就可以与客服人员面对面地付款，不但不需要来回奔波，而且 4S 店省去了收款员这个岗位，节约了人力成本。企业可以将 M4S 为其节省下的一部分宣传费用作为邀约车主到店的费用，从而能够点对点地邀约更多的车主到店。这样既能提高企业的产值，又能将大量效果不佳的广告宣传费用节省下来。

8.2.2 M4S 对汽车服务业的意义

跨入 21 世纪以来，中国汽车产业发展势头迅猛，全国民用汽车保有量逐年攀升，进入了一个全新的发展时期。据统计，到 2015 年，我国乘用车保有量已达 1.5 亿辆，并且呈现出持续增长的势头。毫无疑问，中国已经成为全球最大的汽车生产国和汽车消费市场，汽车行业已然成为国民经济的重要支柱性产业。

M4S 是基于维系客户忠诚度和提高客户满意度而开发的智联管理系统，此系统广泛适用于各大 4S 店及汽车服务集团，主要协助 4S 店对客户在离店期间的用车生活进行智能化管理。M4S 能够准确把握车主心理动向，通过后台简易的操作就能满足车主不断变化的心理需求，在维持低成本的同时高效地维系客户。相对于传统工业时代的 ERP、CRM、DMS 等客户管理系统，M4S 是具有鲜明的移动互联网特征的客户管理新理念。搭建 M4S 平台是汽车服务企业自发的创新型项目，在经历了 OBD、微信公众号、O2O 平台等种类繁多的营销模式后，M4S 最终凭借其成本的低廉和工作的高效而稳健地沉淀下来，成为行业内领先的移动智联工具，是汽车后市场在互联网时代的先行者。对于整个汽车服务行业来说，M4S 有其不可替代的时代意义：

1）M4S 平台是汽车服务行业在移动互联网时代转型升级的有力工具。截至 2015 年，我国移动互联网客户已达 11.3 亿人次，而手机网民规模达到了 5 亿人次，手机网民量始终占据着移动终端网民量的霸主地位。随着互联网技术的阶跃式发展和移动终端的普及，我国移动互联网的发展进入了全民时代，在移动终端寻求服务的人群也与日俱增。客户对于服务的及时性、方便性及碎片化的要求，决定了移动互联网终将改变传统服务业的格局。

M4S 的出现顺应了互联网时代的趋势，改变了汽车服务企业传统的服务方式，为企业升级转型提供了新思路。汽车服务企业借助 M4S 打造自己专属的移动互联网平台，给车主提供方便、及时、贴心的服务，改变以往服务对象泛化、服务形式单一的问题。M4S 为汽车服务业插上了移动互联网的翅膀，利用无处不在的移动互联网技术，将汽车服务的点点滴滴渗入车主生活的方方面面，使汽车生活成为车主日常生活密不可分的一部分。

2）M4S 致力打造客户与汽车服务企业共同的生态圈。随着科技的发展，各领域的全面融合将是未来服务业发展的大势所趋。以汽车行业为核心的智能产业链可以实现人、车、出行的无缝接合，将会把汽车驾驶人从枯燥的用车生活中解放出来。多元化的汽车服务模式不但消除了地域的差异，也逐步向私有化、个性化服务迈进。不论是在人烟稀少的野外还是在繁华的大都市，车主都可以享受到及时快速的汽车服务和便捷的生活服务。车主的生活将与汽车服务企业息息相关，密不可分。总之，M4S 平台是协助汽车后服务市场建立良性生态循环、打造绿色生态圈的最佳选择：

① 服务车主的用车生活。只要下载客户端，车主就可以随时随地查看周边 5 千米内的停车场、加油站、洗车店等服务门店。如果遇到紧急情况，车主也无须过分担心，只要按下一键救援按钮，即可得到距离最近的 4S 店的救援。即使身在外地，全国联动也可以保障车主行车无忧。

② 打破枯燥的汽车使用环境。M4S 平台不仅能够提供用车的各种服务，还能够提供日常生活服务。当日限行、违章查询、路况播报等信息和生活娱乐服务等功能都集成在一个客户端，提高了车主获取信息的效率，为车主的日常生活提供了方便。

M4S 所采用的自店运营、特色运营和增值运营相结合的运营方式，在能满足车主用车无忧、价值服务、获得实惠三大要求的同时也满足了企业对于利润的追逐，帮助企业很好地粘住客户，提高客户忠诚度，在二者之间取得了很好的平衡，从而为汽车服务企业与车主营造了和谐共赢的生态环境。

3）M4S 的出现提升了国内汽车后市场的整体服务水平。公安部的统计数据显示，2014 年我国机动车驾驶人数已经突破 3 亿人次，其中汽车驾驶人达到 2.47 亿人次。2014 年全年新增机动车驾驶人 2784 万人，并将以每年 2000 万的增长趋势稳定增长。面对如此巨大的市场，如果企业不重视变革，仍然沉溺于传统的低频售后服务和维修，那么终将造成车主在各汽车服务企业之间不停地流动。加之顾客贪图实惠的心理，给一些小型汽车服务企业带来可乘之机。这些企业不顾车主的安危使用副厂甚至劣质的配件，以低廉的价格吸引车主消费，随之带来的是混乱的服务市场和恶性竞争环境。更为恶劣的是，低品质的配件隐含着巨大的安全隐患。因此，汽车后服务市场急需一个强大的平台来维护整体的服务水平。

M4S 平台能够详细记录每位车主在平台的日常用车生活，只要车主在绑定的维修企业进行维修保养，就可以通过 M4S 平台进行汽车维修服务档案查询、零部件追溯和交易记录下载，真正做到有源可查，信息共享。同时，平台所记录的客户满意度、活动参与度以及客户与顾问的对话等信息对于企业来说是有形的监督，督促企业提供更优惠的产品和更优质的服务。